I0565666

Stories

Dmitry Grigorovich

Рассказы

Дмитрий В. Григорович

Stories

ISNB: 978-1-60444-876-4

Рассказы

ISNB: 978-1-60444-876-4

ПЕТЕРБУРГСКИЕ ШАРМАНЩИКИ

I

Вступление

Взгляните на этого человека, медленно переступающего по тротуару; всмотритесь внимательнее во всю его фигуру. Разодранный картуз, из-под которого в беспорядке вырываются длинные, как смоль черные волосы, падающие на худощавое загоревшее лицо, куртка без цвета и пуговиц, гарусный шарф, небрежно обмотанный вокруг смуглой шеи, холстинные брюки, изувеченные сапоги и, наконец, огромный орган, согнувший фигуру эту в три погибели, - все это составляет принадлежность злополучнейшего из петербургских ремесленников - шарманщика. В особенности наблюдайте за ним на улице: левая рука его с трудом вертит медную ручку, прикрепленную к одной из сторон органа; звуки то заунывные, то веселые вырываются из инструмента, оглашая улицу, между тем как взоры хозяина внимательно устремлены на окна домов; он прислушивается к малейшему крику, зову, и едва встречает приветливый взгляд, как тотчас ставит свою шарманку и начинает играть лучшую пьесу своего репертуара. Каждый раз, как которая-нибудь из труб, позабыв уважение к человеческим ушам, запищит неестественно и нескладно, - посмотрите, как старательно завертит он рукою, думая тем загладить недостатки пискливого своего инструмента и не возбудить в слухе вашем неприятного ощущения. Форточка отворяется, пятак или грош, завернутый в бумажку, падает к ногам его в награду за труды; но часто, весьма часто, истощив напрасно свой репертуар, он медленно удаляется, грустный, унылый, не произнося ни жалобы, ни ропота. Он уж давно привык к такой жизни. Какая бы на улице ни стояла погода, знойный жар, дождь, трескучий мороз, вы его увидите в том же костюме, с тою же шарманкою на спине - и все для того, чтоб получить медный грош, а иногда и "надлежащее распеканье" от дворника, присланного каким-нибудь регистратором, вернувшимся из департамента и после сытного обеда расположившимся лихо всхрапнуть. Часто шарманка кормит целое семейство, и тогда можете себе представить, сколько ужасных чувств волнуют горемыку при каждом тщетном покушении растрогать большею частию несострадательную к нему публику. Из всех ремесл, из всех

1

возможных способов, употребляемых народом для добывания хлеба, самое жалкое, самое неопределенное есть ремесло шарманщика. Нет ремесленника, который приобретал бы копейку, не имея в виду явного барыша: полунищая баба в грязном салопе, покрытом заплатками сверху донизу, продающая на Сенной площади вареный картофель, прикрываемый, для сохранения в нем надлежащей теплоты, известным способом, то есть без помощи чего-нибудь постороннего, кроме тряпья, составляющего ее исподнее платье, - приглашая гг. инвалидов и мужиков "на картофель, на горячий, служба, служба! на карто, на карто... кавалер, на горячий, на карто, на карто..." - и та даже совершенно уверена, что вернется домой с доброю краюхой хлеба, достаточной величины, чтобы накормить двух-трех пострелят мужеского или женского пола, что очень часто трудно бывает разобрать, если судить по одной одежде. Шарманщик же, спускаясь из-под кровли пятиэтажного дома или подымаясь из своего подвала, редко бывает уверен, доставит ли ему скудный его промысел кусок хлеба, соберет ли он столько денег, чтобы в конце месяца заплатить за квартиру - большею частию угол, нанимаемый им у той же торговки картофелем, которая за неисправный платеж будет вправе прогнать его со двора. Вникнув хорошенько в нравственную сторону этого человека, находишь, что под грубою его оболочкою скрывается очень часто доброе начало - совесть. Он мог бы, как другие бедняки, просить подаяние; что останавливает его? К чему таскает он целый день на спине шарманку, лишает себя свободы, убивает целые месяцы на дрессировку собачонок или изощряет свое терпение, чтобы выучить обезьяну делать разные штуки? Что же вынуждает его на такие подвиги, если не чувство, говорящее ему, что добывать хлеб подаянием или плутовством бесчестно? Я не хочу здесь представлять шарманщика идеалом добродетели; еще менее расположен я доказывать, что добродетель составляет в наше время исключительный удел шарманщиков и что, следовательно, вы должны запастись шарманкою и отправиться с нею по улицам, если считаете себя добродетельным; далек я также от мысли рассчитывать на ваше сострадание, представляя шарманщика злополучнейшим из людей. Нет, я хочу только сказать, что в шарманщике, в его частной и в общественной, уличной жизни многое достойно внимания. И если вы со мною согласны, то мне нечего и просить вас читать далее: вы это сделаете сами... Я намерен заняться своим героем со всем подобающим усердием...

II

Разряды шарманщиков

Трудно определить происхождение слова "шарманщик"; тем более трудно, что оно, кажется, родилось на Руси и обязано жизнию простолюдью. Называть незнакомое лицо или предмет без основания, часто даже без очевидного смысла, хотя подчас и характеристически метко, свойственно русскому человеку, который, как вы знаете, "за словом в карман не полезет"; недосуг ему затрудняться в причинах, почему и как, а тут же, экспромтом, отпустит он иногда такое, что после думаешь, думаешь, и все-таки не придумаешь, почему выразился он так, а не иначе, назвал орган шарманкой, а не оглоблей, что было бы для него все равно... Если б я принадлежал к числу почтенных мужей, называющих себя корнесловами, то по поводу происхождения слова "шарманка" предложил бы вам множество остроумных догадок. "Всего вероятнее, - сказал бы я, - что первоначальное слово было: ширманка, и произошло от ширм, из-за которых Пучинелла (Петрушка), доныне почти всегдашний спутник шарманщика, звонким своим голосом призывает зевак и любопытных. Такое предположение, - присовокупил бы я с большею уверенностию, - тем более основательно, что первые появившиеся у нас органы были неразлучны с кукольною комедией, существующею с незапамятных времен в Италии". Но так как и без того в продолжение рассказа я не отчаиваюсь вам наскучить, то, оставив в покое происхождение слова, перехожу к самому шарманщику. С первого взгляда кажется, что все шарманщики составляют одно целое, один класс уличных промышленников; но в сущности подлежат они бесчисленным разрядам, резко отделяющимся друг от друга как занятиями, так и духом национальности. Шарманщики в Петербурге вообще бывают трех различных происхождений: итальянцы, немцы и русские. Между ними итальянцы занимают первое место. Они неоспоримые основатели промысла, составляющего у них самобытную отрасль ремесленности, тогда как русские и немцы не более как последователи, которые хватаются за шарманку как за якорь спасения от голодной смерти, или по неспособности, чаще по неохоте к другому, более дельному ремеслу. Шарманщики редко начинают свое поприще с инструментом, от которого получили название; ручной орган, или, как принято называть, шарманка, есть уже следствие улучшенного состояния. Тюлень, заключенный в ящике и показываемый толпе с обычным присловьем: "Посмотрите, господа, на зверя морского", высокий ящик, покрытый зеленым сукном, с каким-то дребезжанием вместо музыки, называемый у шарманщиков "фортепьяно англезе", виола с бесконечным скрипом и плясом хозяина и, наконец, флейта или кларнет - вот средства, с какими впервые дебютирует шарманщик на своей обширной и богатой разнообразными декорациями сцене - на улицах. После уже, спустя два или три года, достигает он счастливейшего дня (если только до того времени не нашел другого средства добывать хлеб), блистающего на бледном его горизонте, как блудящий огонек, - вожделенного и прекрасного дня, в который на скопленные деньги покупает он шарманку. С этим приобретением осуществляет он все надежды, все мечты и, взвалив на спину свое сокровище, думает только о том, как бы обратить на себя внимание и получить возмездие за все пропавшие труды. То аккомпанирует он вальс Ланнера свистками и трелями, то присоединяет к себе двух маленьких детей, нанятых у бедной трубочистихи или прачки, и заставляет их выплясывать бессмысленный танец своего изобретения; то, если представляется счастливый случай, меняет тощую свою шарманку на другую, несравненно меньшую, но представляющую почтеннейшей публике с одной стороны презанимательное зрелище: Наполеона в синем фраке и треугольной шляпе, вертящегося вокруг безносых дам, с ног до головы облепленных фольгою. Если владелец этого сокровища итальянец, то он непременно вступит с вами в разговор и, объясняя значение каждой куклы порознь, не утерпит, чтоб не выбранить хорошенько Наполеона и бог весть почему кружащихся с ним австрийских дам. Если ему снова случается накопить несколько денег, желания его простираются тогда еще далее: он покупает высокий орган с блестящими жестяными трубами, медными бляхами, золотыми кистями, горделиво качающийся на зеленой тележке, везомой бурою клячею. И действительно, такое приобретение достойно всех пожертвований: во-первых, орган не приходится носить, следовательно, менее труда; во-вторых, его можно возить по дачам, где, как известно, люди как-то добрее, самые солидные отцы семейства наклоннее к невинным буколическим удовольствиям, приехавшие гулять особенно расположены тратить деньги, а главное - много детей, которые вообще большие любители кукольной комедии и шарманки; все это имеет значительно благодетельное влияние на доход шарманщика, в особенности если он обладает уменьем занять хорошую позицию и задать серенаду кстати. Не всем, однако, улыбается фортуна; есть бедняки, до глубокой старости осужденные наигрывать одну и ту же арию на кларнете или выплясывать трепака по уличному паркету, устланному булыжником, аккомпанируя себе виолою.

Впрочем, так начинают карьеру свою одни только "мещане" этого класса промышленников; "аристократия" вступает на нее с большим достоинством.

4

Шарманщики-аристократы редко ходят поодиночке, но большею частью компаниею; один несет богатую шарманку, увенчанную бубенчиками, другой - обезьяну в гусарском платье и тирольской шляпе, третий - ширмы и ящик, наполненный куклами, одетыми в разноцветное тряпье, испещренное блестками; шествие закрывает старый оседланный пудель, служащий гусару в тирольской шляпе вместо лошади. Другие блуждают целым оркестром; третьи присоединяют к себе гаера, который на дырявом ковре делает salto mortale[1] при завывании шарманки; романсы с аккомпаньеманом арфы, ученые собаки, две или три скрипки и кларнет, разыгрывающие вечно один и тот же галоп, - все это показывает уже некоторым образом зажиточность хозяев и высоко ставит их над многочисленным классом "мещанства". Впрочем, и здесь, как всюду, разница сглаживается деньгами. Скромною жизнью шарманщику-мещанину случается накопить маленькую сумму, и тогда "аристократия" (живущая несравненно богаче, семейством, и если впадающая иногда в крайнюю нищету, то единственно по духу спекуляции, чрезвычайно, как увидим ниже, в ней развитому) спускается с своих подмостков и, как бы движимая добрым чувством, сближается с прежним отверженцем, принимает его в компанию или, если денег у него не окажется более, чем предполагалось, привязывает его к себе и еще прочнейшими узами - узами родства. Нужно заметить, что деньги - единственное условие сближения между двумя этими разрядами, вечно враждующими...

III

Итальянские шарманщики

Происхождение их чрезвычайно темно; большею частью получают они жизнь под деревянного полуразвалившеюся кровлею хижины, живописно расположенной в Апеннинских горах, переименованных ими в monte Perpi[2]. Родители их - полунищие горцы, исполняющие, за недостатком земли или по сродной всем итальянцам лености, скромную должность пастухов. Не имея достаточно хлеба, чтоб кормить часто многочисленное семейство, они отдают детей своих старому шарманщику, вернувшемуся на родину и вынужденному спустя несколько времени

---

[1] Здесь: сложное акробатическое упражнение (итал.).
[2] Горы Перпи (итал.).

снова приняться за шарманку и блуждать по белому свету. Таким образом, мальчик покидает родной кров, отца, мать и, вверившись судьбе, спускается с своих гор, надеясь когда-нибудь увидеть их снова. Швейцария, Тироль, Франция, Германия - везде наигрывает он пять или шесть песен, составляющих весь репертуар его; нет ни одного городка, бурга, селения, которое не слышало бы их по нескольку раз. Наконец доходят до него слухи, что где-то на севере, в России, собратья его редки, что там может он получить верный барыш: туда! а Pietroborgo![3] восклицает бедняк и предпринимает трудный поход. Его не обманули: трудность дороги действительно вознаграждается грошами, довольно щедро выбрасываемыми на дворы и улицы. Иногда направляет он путь свой не прямо к столице, но обходит сначала провинции, посещает города, ярмарки, деревни и, скопив несколько денег, является в столицу, где нанимает работников из своего звания. Мало-помалу, с прибылью денег, итальянец отстает от бродячей жизни, заводит круг знакомства с отечественниками-ремесленниками, гаерами, канатными плясунами, фигурщиками, носящими вечного амура с сложенными накрест руками, кошку, болтающую вправо и влево головою, Наполеона, окрашенного розовой краской, всех возможных форм, видов и несходств, и, наконец, женится на дочери одного из своих приятелей. Заведшись таким образом хозяйством, итальянские шарманщики неизвестно почему избирают жилище в Подьяческих и Мещанской. Маленький двухэтажный деревянный дом, выкрашенный всегдашнею зелено-грязною краскою и возвышающийся в углу темного двора, служит им убежищем. Наружность такого рода строений облеплена обыкновенно галереей, на которую с трудом взбираешься по шаткой лестнице, украшенной по углам (у каждой двери) кадкою, на поверхности которой плавают яичные скорлупы, рыбий пузырь и несколько угольев; вообще лестницы эти, не считая уже спиртуозного запаха (общей принадлежности всех петербургских черных лестниц), показывают совершенное неуважение хозяев к тем, которым суждено спускаться и подниматься по ним. Квартира шарманщика почти всегда находится в конце такой галереи по причине дешевизны и состоит из двух комнат, сделанных из одной.

Если вы хотите иметь о ней точное понятие, то потрудитесь нагнуться и войти в первую комнату. Первый предмет, на котором остановятся ваши взоры, отуманенные слезою (по причине спиртуозности лестницы), будет неимоверной величины русская печь, покрытая копотью и обвешанная лохмотьями, составляющими гардероб хозяев; стены и потолок усеяны теми приятными насекомыми, которые пользуются честию носить название, одинаковое с известным европейским народом. (Я выразился бы

---

[3] В Петербург (итал.).

и проще; но боюсь людей, не привыкших "сморкаться" там, где есть возможность "обойтись посредством платка"...) Стены эти окружены длинными скамьями, на которых в разных, чрезвычайно неграциозных положениях лежат работники - русские, немцы, итальянцы, нанятые хозяином, каким-нибудь signor Charlotto Bonissy[4]. Посреди комнаты стоят ящики с соломою, и три или четыре обезьяны не перестают в них возиться и пищать самым неприятным дискантом; несколько ширм, коробок с куклами, мешков с мукою и макаронами разбросано по разным углам; кадка с помоями издает из-под печки особенно неприятный запах; дым, виясь из коротеньких деревянных трубок (необходимой принадлежности русских работников), наполняет освобожденное от хлама пространство; говор, хохот, писк обезьян, лай собак, визг детей - заглушают храпенье нескольких шарманщиков, сверхъестественно согнувшихся на печке, на лавках и на полу. Наконец, одно маленькое окно пропускает в комнату несколько лучей света, и то не всегда, потому что если в компании есть хоть один русский человек, то стекла непременно залеплены разными фигурками, с известным искусством вырезанными из сахарной бумаги, между которыми козел с необыкновенно большими рогами и бородою прежде всех бросается в глаза. Вторая комната представляет совершенно противоположное зрелище; тут тотчас заметно присутствие женщин. Не только чистота и порядок составляют отличительное ее свойство, но даже заметно некоторое притязание на роскошь: стенные часы огромного размера, годные для любой башни, с привешенными вместо гирь кирпичами; на окнах горшки с жиденькими растениями, занавески, комод, стол с блистающим самоваром, широкая постель, наконец, шарманки различных величин и свойств, в ряд расположенные вдоль стены, показывают присутствие самого хозяина. Едва часы пробили восемь, как все народонаселение квартиры пробуждается, опоражнивает чашку щей или макарон и, взвалив на плечи каждый свою принадлежность, спускается на улицу, где, разделившись на партии, принимает разные направления. Главный промысел итальянцев - кукольная комедия. Разумеется, та, которая доставляет на наших дворах столько удовольствия подмастерьям в пестрядинных халатах, мамкам и детям, а подчас и взрослым, не похожа на ту, которую вывез он из своего отечества. Обрусевший итальянец перевел ее, как мог, на словах русскому своему работнику, какому-нибудь забулдыге, прошедшему сквозь огонь и воду, обладающему необыкновенною способностью врать не запинаясь и приправлять вранье свое прибаутками, - и тот уже переобразовал ее по-своему. Нигде характер народного русского юмора так сильно не проявляется, как в переделках такого рода; нигде так резко не

_____

[4] Синьором Шарлотто Бонисси (итал.).

выказывается бедняк, на фуфу зарабатывающий копейку. В диалогах Пучинелла русского произведения и соответствующих ему персонажей, в их действиях, в самом расположении комедии, ими представляемой, вы тотчас найдете сродство с теми русскими песнями, в которых слова набраны только для рифмы и не заключают в себе ничего, кроме рифмы, с теми сказками, где все делается по щучьему веленью и ни в чем рассказчик ни себе, ни слушателям не отдает отчета. Например, при всех моих стараниях я никак не мог добиться, почему в известной уличной комедии, особенно любимой народом, является лицо, совершенно постороннее действию, ни с которой стороны, по-видимому, не нужное, - лицо, известное под именем "Петрушки", без которого, как вы знаете, не обходится ни одно уличное представление? Или по какой причине, прежде нежели (в той же комедии) черт, чрезвычайно похожий на козла, должен увлечь Пучинелла, являются на сцену два арапа, играющие палкою и прерывающие действие? - для чего?.. Попробуйте добиться у шарманщика! "Нет-с, уж оно так, прежде-с арапы, а уж после черт уносит Пучинелла, уж так водится, так быть следует", - отвечает он, оставив вас в совершенном недоумении насчет появления Петрушки и обоих арапов.

Впрочем, кукольная комедия не есть еще единственный ресурс итальянского шарманщика; ученые обезьяны, уличный гаер составляют также исключительную его принадлежность, и, кроме того, жена и дочери (разумеется, если таковые есть налицо) немало способствуют к благосостоянию дома. Выражаясь так, я хочу сказать только, что мать выливает из воска херувимчиков, разыгрывающих на вербах немаловажную роль, а дочери, хорошенькие итальяночки с продолговатыми личиками, шьют по заказу платья или раскрашивают модные картинки и верхушки помадных банок. Вообще итальянские шарманщики не представляют нам толпу беспутных бродяг, но, напротив того, картину скромных и тихих ремесленников. Они чрезвычайно любят свое ремесло и считают его благородным искусством, художеством; я никогда не забуду, как раз один из них на вопрос мой: "каково идут дела его в Петербурге?" отвечал мне ломаным французским языком: "Oh! mon signore, nous povero artisto pas bien vivere a Pietroborgo; a Pietroborgo on n'aime pas beau-coup les artisto... le publiko ne pas aimer la musica, signore!.."[5] Страсть к благородному искусству часто простирается до того, что итальянец проводит целые месяцы на улучшение шарманки; он облепливает ее разными фигурками, украшениями, прикрепляет к сторонам ее треугольник, бубенчики, тарелки, турецкий барабан,

---

[5] О синьор, нам, бедным артистам, плохо живется в Петербурге; в Петербурге не очень любят артистов... публика не любит музыку, синьор (смесь искаженного французского с итальянским).

навешивает колокольчики и, приведя все в движение веревочкою, привязанною к ноге, самодовольно посматривает на своих собратий, воображая себя обладателем восьмого чуда в мире. Помещик, показывающий вновь выстроенный дом свой, не пропуская малейшей подробности, и хвастающий даже устройством тех мест, куда никто не заходит без настоятельной нужды, не так старается вырвать у вас похвалу, как шарманщик, только что купивший шарманку. Он несколько раз откроет ее, развинтит, попросит вас посмотреть внутренность, пощупать, погладить, повертеть ручкою, наконец, определить ее ценность, и все для того только, чтобы не уронить в вашем мнении себя и горемычное ремесло свое.

Имея столько средств к наживанию денег, итальянские шарманщики легко могли бы по прошествии нескольких лет вернуться в свои горы, обеспеченные на всю жизнь, но природное влечение к деньгам и спекуляциям часто ввергает их снова в нищенское состояние. То фабрика гипсовых фигур, как известно, раскупающихся плохо и за бесценок; то постройка балагана на Адмиралтейской площади, где показывают ученых обезьян, китайские тени, кукольную комедию, что все в общей сложности представляет хозяину более издержек, нежели барыша; то, наконец, попытка основать какое-нибудь ремесленное заведение, - одно из таких предприятий рано ли, поздно ли разоряет бедного труженика в пух и снова вынуждает бродить по улицам с шарманкою, сбирать по грошу и кормить семейство куском черствого хлеба, добываемого трудом и потом.

IV

Русские и немецкие шарманщики

Хотя шарманка редко бывает уделом немцев, все-таки сходство промысла дает им место в общем классе, нами описываемом.

Немецкие шарманщики бывают двух родов. Одни приходят к нам из Швейцарии, Тироля, Германии и промышляют с самого детства, другие образовались в Петербурге следствием каких-нибудь жизненных переворотов. Вообще частный быт как тех, так и других не представляет большого интереса. Они живут кучками на Сенной и Гороховой в самом жалком и незавидном положении. Уж в том отчасти их натура виновата. Итальянец, например, предан своему ремеслу душой и телом; он оборотлив, сметлив, хитер, весел и веселостию своею завлекает, интересует, электризует свою публику. Немец - сущая флегма; он вял, небрежен и не возбуждает никакого участия в русском человеке, который любит, чтоб его тешили, не жалея усилий. Он никогда не старается вас позабавить, произвести на вас приятное впечатление; напротив, вся его цель - надоесть кому-нибудь одною и тою же скучною ариею и получить деньги от выведенного из терпения обывателя, с условием оставить его в покое.

Вот политика немецкого шарманщика, не всегда приносящая денежный результат. Впрочем, средства их промысла довольно многочисленны: орган, издающий пискливые звуки - "По всей деревне Катенька", сопровождаемые заунывным аккомпанементом хозяина; арфа, на которой обыкновенно играет сухощавая немка в огромном чепце и черной шали, немка с лоснящимся красным лицом и необыкновенно острым носом, - в то время как муж ее выделывает на своей скрипке быстрые вариации; ученые собаки, прыгающие на задних лапах под музыку знаменитой поездки Мальбруга в поход и боязливо посматривающие на плечистого хозяина, вооруженного бичом, годным для слона; виола с приплясыванием и присвистыванием маленького тирольца, одетого в национальный костюм; наконец, бродячие оркестры, состоящие или исключительно из одних тромбонов, оглушающих скромных жителей дворов, или из двух-трех скрипок да кларнета. Кроме того, подобно итальянцам, немцы-шарманщики имеют еще частные промыслы: приготовляют зажигательные спички, курительные свечи, порошки, воспитывают щенков, которых по окончании курса передают инвалиду с раздутой губой, а инвалид сбывает их чувствительным томным барыням, носящим букли и ридикюль, или чиновникам, отцам семейства, любящим делать сюрпризы дочерям и не находящим для такого употребления ничего лучше мохнатых болонок или курносых мопсов.

Немецких шарманщиков в Петербурге немного; большею частью они недолго остаются в этом звании, нисколько не соответствующем их характеру.

Выгнанный хозяином безродный подмастерье, закутившийся лакей, приказчик, пожертвовавший хозяйскими деньгами пристрастию к орлянке, свайке и картам, а иногда и бедняк, лишенный места несправедливым барином, составляют незначительную часть русских шарманщиков, ежедневно шлифующих петербургские тротуары. Непреодолимое влечение оставлять последний грош в заведении под фирмою: "с распивочной", рано или поздно заставляет его обратиться к итальянцу, содержащему шарманщиков. Правда, и русские шарманщики живут иногда в независимости от итальянца-хозяина, но уж не иначе, как компаниею; редко, весьма редко кто-нибудь из них отделяется от толпы и

10

живет один с своим органом; ему нужно непременно "компанство", товарищи; он вообще склонен к общественной жизни. Селятся они на Петербургской стороне, в скромной лачужке, обнесенной с трех сторон огородами; четвертая же, как водится, смотрит в узкий переулок, в перспективе которого возвышается пестрая будка. В этих жилищах выказывается вполне характер почтенных наших соотечественников, народных виртуозов, со всею их беспечностью. Хотя горе (часто залетающее к русскому шарманщику) приводит его иногда в такое положение, что хоть ложись да умирай с голоду, но, несмотря на то, в нем, как и в каждом русском простолюдине, не угасает стремление к "художеству". Он непременно оклеивает стены своей лачуги любопытными картинками: "Торжество Мардохея", "Аман у ног своей любовницы", "Мужики Долбило и Гвоздило, побивающие французов", "Вид города Сызрани" (такого рода пейзажи состоят обыкновенно из маленьких пригорков в виде сахарных головок, расположенных один на другом, с травкою на каждой вершинке и увенчанных рядом кривых куполов), "Портной в страхе" и тому подобные создания отечественной фантазии резко выдаются красными, пунцовыми и желтыми пятнами на закопченных стенах. Рядом с изображением какого-нибудь фельдмаршала, занимающего с лошадью все поле картины, вы увидите верхушку помадной банки с надписью: "а ла виолет", или над трогательною сценою, погребение кота мышами, тотчас же прилеплен портрет Кизляр-аги.

Нет ничего беспечнее русского шарманщика; он никогда не заботится о следующем дне, и если случается ему перехватить кой-какие деньжонки, обеспечивающие его на несколько дней, он не замедлит пригласить товарищей в ближайший "кафе-ресторан", где за сходную цену можно получить пиво, селедку и чай. Как неаполитанский лазарони, он не будет работать, если денег, добытых утром, достаточно на вечер: нашатавшись досыта, наш виртуоз возвращается домой, и если усталость не клонит его на жиденький тюфяк, служащий ему постелью, он предается мирным занятиям, сродным мягкой его душе: слушает, как один из его товарищей, грамотей труппы, читает добытые на толкучке брошюрки. Его в особенности восхищают книги: "Жизнь некоторого Аввакумовского Скитника, в брынских лесах жительствовавшего, и курьезный разговор души его при переезде через реку Стикс", "Анекдоты Балакирева", "Похождение Ваньки Каина со всеми его сысками, розысками и сумасбродною свадьбою", "История о храбром рыцаре Францыле Венцыане и прекрасной королеве Ренцывене", "Козел-бунтовщик, или Машина свадьба" - сочинение удивительное, в эпиграф которому приложено: "Все сочинения теперь в пыли, а это только что взято из были"; "Кондрашка Булавин", "Вред от пьянства" - книги, в особенности последняя, чрезвычайно назидательные, но приносящие как читателям, так и слушателям мало существенной пользы.

К удивлению, в публике русский шарманщик как-то не общежителен, он мало обращает внимания на своих слушателей, всегда почти пасмурен, недоволен собою, разве завлечет его дружеский удар по плечу знакомого кучера с приветствием: "Эх, брат Ванюха!!!"

V

Уличный гаер

Чердак одного из огромных домов, окружающих Сенную площадь, служит обыкновенно местом его рождения. Какая-нибудь прачка, горничная третьего разряда, обманутая лакеем, разделяющим любовь свою между кабаком и махоркою, - причина появления на свет будущего уличного гаера. Первый взгляд, брошенный новорожденным на полухмельного отца своего, бывает часто последним взглядом; непостоянный вскоре после рождения на свет залога любви бросает свою подругу и чердак, с твердым намерением разыграть роль Ловеласа в других, более удобных местах. Бедная женщина остается таким образом одна в своем жилище, где спартанец не нашел бы лишней роскоши. Убедившись в неверности своего любезного, она тотчас же принимается за работу; чувство матери придает ей новые силы и вскоре вознаграждает потерянное время. Между тем малютка растет; он уже бегает по комнате, лепечет несвязные слова и ест уголья и глину, заимствуя их у печки, - шалость, за которую мать имеет причины не слишком строго взыскивать. Птичка покидает гнездо, едва почувствует свои силы, и летит далеко в небо, купаясь в синеве его, или спускается в кущу пахучей липовой рощи, оглашая громким чиликаньем песчаный берег близ журчащей речки; точно так же и герой наш оставляет родной чердак, почувствовав себя в силах помощью рук и ног спуститься по грязной лестнице на улицу. Воспитание его окончено; природа была первым его наставником, время довершит остальное. Тротуары и мостовая, давно пожираемые жадным его взором с чердака, где получил он существование, появляясь ему теперь в полном блеске, представляют тысячу развлечений и удовольствий. Толпы таких же, как он, мальчишек, шарманщики, кукольная комедия, бабки, лотки, уставленные апельсинами и пряниками, солдаты, проходящие по площади с музыкою впереди, - все это до такой степени очаровывает

12

молодое его воображение, что он готов лучше целые сутки просидеть на улице под дождем, любуясь на воду, извергаемую желобом, нежели идти домой. Но известно всякому, даже не читавшему детских прописей, что счастие скоротечно и исполнено треволнений. Едва минуло мальчугану восемь лет, как заботливая мать уже думает о том, как бы доставить ему честное хлебное ремесло. То вталкивает его в общую колею уличной промышленности, привесив ему на шею деревянный ящик, наполненный спичками, снабдив его тросточками, сургучом, зелеными яблоками, или, если есть кой-какие средства, избирает своему детищу более прочное ремесло, поручая его богатому мастеровому. Натянув на плечи толстый полосатый халат, мальчик становится подмастерьем. Хотя халат может поместить в широких полах своих трех таких молодцов, но подмастерье, уже вкусивший раз свободы, чувствует его тесным и по возможности старается стрясти с себя это иго. Избалованные мальчишки-товарищи скоро увлекают новичка; каждое воскресенье отправляются они на Крестовский на целый день, где проявляется впервые идея о кутеже. С пряников и кедровых орехов переходит на трубку, с трубки на вино; бедняк, увлеченный более и более, делается негодяем и кончает обыкновенно карьеру свою у хозяина воровством или побегом.

Выгнанный хозяином или бежавший от него, он случайно сталкивается с содержателем труппы кочующих фигляров; мать ли его стирает белье на эту труппу, или он сам заводит знакомство, одним словом, бывший подмастерье делается членом труппы, в качестве портного или сапожника, с назначением перекраивать известные лохмотья или приставлять подметки. Но звание это, вместо того чтоб доставить ему кусок хлеба, делается источником всех его бед и несчастий. Фигляры, вольтижеры, канатные плясуны являются пред ним господами, героями; страждущее самолюбие не дает ему покоя ни днем, ни ночью; ему грезится бархатный камзол, шитый блестками, рукоплескания, дружба и радушие фигляров, вместо презрения, и он решается во что бы то ни стало достигнуть высокой для него цели. Хитрый хозяин, подметив эту слабость и не имея особенного желания платить своему работнику, предлагает ему вместо денег услуги; бедняк с восторгом принимает предложение и вверяет свои члены бичу и палке хозяина.

Тут наступает для него трудная школа, и если он до конца выдерживает ее, то по прошествии нескольких лет удостоивается приема в компанию. Разумеется, претензии его на жалованье считаются дерзостию, и потому он немедленно переходит в другую труппу уже действующим лицом, с правом быть выставленным на афише. В этих труппах герой наш обязан выполнять все возможные "амплуа" по благоусмотрению антрепренера, какого-нибудь г. Каспара, Вейнерта, Добрандини и т.д. Начиная с обязанности ламповщика и кончая почетным званием вольтижера, переходит он все состояния: поочередно является перед почтеннейшей публикой клоуном, Кассандром, паяцем, чертом, глотает шпаги, зажженный лен, подымает гири, играет в пантомимах, кончающихся обыкновенно тем, что все действующие лица, без исключения, исчезают в исполинской пасти холстяного черта; деятельность его иногда баснословна; он в одно и то же представление сзывает зрителей, продает билеты на вход, делает salto mortale, танцует на канате, перепрыгивает помощию трамплина чрез двенадцать солдат, танцует на лошади, играет какую-нибудь роль в следующей за сим пантомиме и часто довершает представление коленцем из русской пляски, отхватанным с примадонною труппы. Но непродолжительна блестящая эпоха его жизни; когда масленая, а затем и святая недели миновали, он вынужден бесчестить (так выражается гаер) благородное ремесло свое, вступив гаером к богатому шарманщику, с условием получать по двадцати пяти копеек меди с рубля, добытого на дворах и улицах.

Должно заметить, что уличный гаер всегда почти русский; балаганные его товарищи, будучи иностранцами, тотчас же по истечении праздников уезжают за границу, оставив его на произвол судьбы. Спустясь с своих подмостков на худощавый ковер, бывший Геркулес показывает нам свое искусство при завывании шарманки и гудении тамбурина. Большую часть года уличный гаер проводит у шарманщиков, и это время составляет несчастнейшую часть его жизни.

Деньги, получаемые на улицах, едва достаточны на содержание, а так как он любит после дневных трудов посибаритствовать, то нажитое в балагане мало-помалу исчезает в заведениях. С каждым днем положение его становится хуже и хуже; к концу года остается у него одно платье, и он уже, по русскому обычаю, сбирается угостить товарищей на последний камзол, шитый блестками, как является хозяин балагана и завербовывает его на следующие праздники. Без этого прощай и камзол и человек, все бы погибло! Несмотря на скудную жизнь уличного гаера у шарманщика, он не унывает духом, и хотя наружность его пасмурна, смотрит он исподлобья и всегда ворчит, но это продолжается только до минуты, когда он входит на двор, намереваясь дать представление. В то время как один из его товарищей расстилает на мостовой тощий ковер, служащий ему ареною, гаер гордо посматривает на толпу, сбежавшуюся смотреть на него. Взгляните, с какою самодовольною улыбкою сбрасывает он с себя длиннополый сюртук, скрывающий пунцовый камзол и широкие белые шаровары. Бубен и шарманка играют интродукцию, гаер встряхивает курчавою головою, отходит несколько шагов назад и, разбежавшись, становится на руки; salto mortale следуют одно за другим, публика рукоплещет, гроши сыплются из окон, но гаер ничего этого не примечает; у него давно на носу стул, на котором сидит маленькая девочка, взятая из толпы... Унылые звуки "Лучинушки" возвещают конец представления; гаер надевает снова сюртук, нахлобучивает на взъерошенные свои волосы избитую шляпу и покидает двор, преследуемый тою же публикою, еще долго не покидающею его.

Не все уличные гаеры случайно попадают в тяжкое свое ремесло; есть такие, которые посвящаются ему с самого детства. Дети старого фигляра или гаера, они поневоле должны идти по стопам отца и обыкновенно кончают жизнь или на этом поприще, или от неудачного salto mortale. Положение их самое несчастное; от колыбели до гроба обречены они неимоверным трудам, не имея другого способа кормить себя, так как гаер по призванию имеет всегда время отказаться от гаерства, коль скоро почувствует его тягостным. Часто случается, что, проведши несколько лет в этом звании, он возвращается к прежнему ремеслу своему, и вы немало удивитесь, увидев того самого гаера, которым восхищались на дворе, который так ловко ходил на руках, держал на носу стул и повертывал на мизинце тамбурин, с шилом или ножницами в руках.

VI

Публика шарманщика

В осенний вечер, около семи часов, партия шарманщиков поворотила с грязного канала в узкий переулок, обставленный высокими домами. Шарманщики заметно устали. Один из них, высокий мужчина флегматической наружности, лениво повертывал ручкою органа и едва передвигал ноги; другой, навьюченный ширмами, бубном и складными козлами, казалось, перестал уже и думать об усталости, только рыжий мальчик с ящиком кукол нимало не терял энергии.

Шарманщики, кажется, намереваются войти в ворота одного знакомого и прибыльного дома.

Так! нет сомнения! Комедия будет! Они вошли на двор, вот уже заиграли какой-то вальс и раздался пронзительный крик Пучинелла. Оборванный мальчишка, который до того времени спокойно сидел на тумбочке, играл камешком и дразнил сестру с двумя маленькими ребятишками на руках, вдруг вскочил, сделал братьям еще гримасу и, перескочив чрез всю группу, сломя голову бросился на двор. Будочник, стоявший тут же, с прилепленною к стене будкою, снисходительно улыбнулся и понюхал березинского. Два солдата, занятые весьма интересным разговором, заметив вошедших в дом шарманщиков, остановились, с минуту оставались в нерешимости и наконец вошли.

Баба с необыкновенно красным лицом и веником под мышкою последовала их примеру; одним словом, эффект был произведен.

Отчего же бы и нам не зайти? Двор широк и просторен; на него выходит до сотни окон. Посреди двора уже поставлены ширмы; флегматический носитель шарманки успел уже уставить свою ношу на складные козла и играл интродукцию. Представление не могло замедлиться, потому что на публику нельзя было жаловаться: она сбегалась со всех сторон. Но шарманщик не переставал оглядывать окна, из которых начинали высовываться головы любопытных, естественно ожидая от них более, чем от толпы сгруппировавшихся вокруг него зевак.

Крик Пучинелла раздается в другой и третий раз, верхние этажи населяются, оживляются, кучи самых разнообразных голов перевешиваются на подоконники; виден и чиновник в пестром халате, красной ермолке и с трубкою в зубах; рядом с ним артель работников заняла целые шесть окон сряду; хорошенькая женщина и болонка поместились на сафьянной подушке, брошенной на окно; кое-где выглянуло несколько размалеванных лиц, обративших на мгновение общее внимание.

Чиновник Федосей Ермолаевич, весьма почтенный человек, занимавший выгодное место и которого сам директор однажды потрепал по плечу, также был пробужден после обеденного отдыха призывными криками Пучинелла.

- Терешка! что это, братец, там такое? - закричал Федосей Ермолаевич, зевая и потягиваясь.

- Шарманщики, сударь, - отвечал Терешка, делая движение рукою и головою к окошку.

- Да как же это они, братец... того?..

Но тут новый крик Пучинелла совершенно разбудил Федосея Ермолаевича; он потянулся еще раз, встал с постели и заспанными глазами посмотрел на двор.

- Папенька, то, то, то, они вот все, вот так, вот все играют? - спросил маленький Ермолай Федосеевич, таща всеми силами отца к окну. Ребенок гнусил, произнося последние слова нараспев, что, впрочем, нисколько не мешало ему быть любопытным и подавать большие надежды.

- Шарманщик, душечка...

- Нет, нет, то, вот они, вот так, вот все играют? - продолжал ребенок, требуя непременно объяснения.

- Шарманщик, душечка...

- Нет, нет, то, они все так...

Но и мы, не находя ответ Федосея Ермолаевича удовлетворительным,

16

спустимся лучше вниз вместе с нянькою, торопливо выносившею пискливого ребенка, который не давал ей покоя целые три часа.

Комедия должна начаться сию минуту, публике некуда уже было поместиться. Два солдата, долго колебавшиеся вмешаться в толпу, стояли теперь на первом плане; их плотно окружала орда мастеровых в изодранных армяках, с выпачканными сажею лицами; мамки, няньки, кормилицы с ребятишками всех сортов и возрастов пестрели в толпе яркими сарафанами; денщик, возвращаясь с четверкою вакштафа, которую с нетерпением ожидал вновь произведенный прапорщик, казалось, позабыл своего господина; босоногая девчонка, остриженная в кружок, стояла в каком-то бессмысленном созерцании, держа в руках корзинку с копеечными сухарями; толстый барин в очках, вышедший подышать свежим воздухом, разделял общее нетерпение; трое писарей с лихими ухватками подшучивали над шарманщиком, который переменил уже два мотива и с самой недовольной миной переходил на третий; с улицы подходила беспрестанно толпа всякого сброда; даже два моншера остановились у входа ворот, завернув ногу назад и картинно упершись на тросточку.

Толпа волновалась и шумела; все ожидали, все требовали представления; один только знакомый нам мальчишка бегал кругом, как гончая собака, обнюхивал каждого, высовывал язык всем, кто ему не нравился, щипал исподтишка детей и, протянув руку, готовился стащить пятый сухарь у девочки, как вдруг над шарманкою показался Пучинелла. Пучинелла принят с восторгом; характером он чудак, криклив, шумлив, забияка, одним словом, обладает всеми достоинствами, располагающими к нему его публику.

- Здравствуйте, господа! Сам пришел сюда, вас повеселить да себе что-нибудь в карман положить! - так начинает Пучинелла.

Его приветствие заметно понравилось; солдат подошел поближе, мальчишка сделал гримасу, один из мастеровых почесал затылок и сказал: "Ишь ты!", тогда как другой, его товарищ, схватившись за бока, заливался уже во все горло. Но вот хохот утихает; Пучинелла спрашивает музыканта: взоры всех обращаются на его флегматического товарища.

- А что тебе угодно, господин Пучинелла? - отвечает шарманщик.

Пучинелла просит его сыграть "По улице мостовой"; музыкант торгуется:

- Да что с тебя, мусью? двадцать пять рублей ассигнациями!

Пучинелла. Да я и отроду не видал двадцати пяти рублей, а по-моему, полтора рубля шесть гривен.

Музыкант. Ну хорошо, мусью Пучинелла, мы с тобою рассчитаемся.

Сказав это, он принимается вертеть ручкою органа.

Звуки "По улице мостовой" находят теплое сочувствие в сердцах

17

зрителей: дюжий парень шевелит плечами, раздаются прищелкивание, притопывание.

Но вот над ширмами является новое лицо: капитан-исправник; ему нужен человек в услужение; музыкант рекомендует мусью Пучинелла.

- Что вам угодно, ваше высокоблагородие? - спрашивает Пучинелла.

- Что ты очень хороший человек, не желаешь ли идти ко мне в услужение?

Пучинелла торгуется; он неизвестно почему не доверяет ласкам капитана-исправника; публика живо входит в его интересы.

Капитан - исправник. Экой, братец, ты, со мною торгуешься! много ли, мало ли, ты станешь обижаться.

Пучинелла. Не то чтобы обижаться, а всеми силами стану стараться!

Капитан - исправник. У меня, братец, жалованье очень хорошее, кушанье отличное, пуд мякины да полчетверика гнилой рябины, а если сходишь к мамзель Катерине и отнесешь ей записку, то получишь двадцать пять рублей награждения.

Пучинелла. Очень хорошо, ваше благородие, я не только записку снесу, но и ее приведу сюда.

Публика смеется доверчивому Пучинелла, который побежал за мамзель Катериною. Вот является и она сама на сцену, танцует с капитаном-исправником и уходит. Толпа слушает разиня рот, у некоторых уже потекли слюнки.

Новые затеи: Пучинелла хочет жениться; музыкант предлагает ему невесту; в зрителях совершенный восторг от девяностодевятилетней Матрены Ивановны, которая живет "в Семеновском полку, на уголку, в пятой роте, на Козьем Болоте". Хотя Пучинелла и отказывается от такой невесты, но все-таки по свойственному ему любопытству стучит у ширм и зовет нареченную. Вместо Матрены Ивановны выскакивает собака, хватает его за нос и теребит что есть мочи.

Публика приходит в неистовый восторг: "Тащи его, тащи... так, так, тащи его, тащи, тащи!.." - раздается со всех сторон; Пучинелла валится на край ширм и самым жалобным голосом призывает доктора, не забывая, однако, спросить, сколько будет стоить визит.

Является доктор, исцеляет Пучинелла и в благодарность получает от него оплеуху.

За такое нарушение порядка и общественного спокойствия исполненный справедливого негодования капитан-исправник отдает Пучинелла в солдаты.

- Ну-ка, становись, мусью, - говорит капрал, вооружая его палкою, - слушай! на кра-ул!

По исполнительной команде Пучинелла начинает душить своего наставника вправо и влево, к величайшему изумлению зрителей. Ясно, что такого рода буян, сумасброд, безбожник не может более существовать на свете; меры нет его наказанию: человеческая власть не в состоянии унять его, и потому сам ад изрыгает черта, чтобы уничтожить преступника.

Комедия кончается; Петрушка, лицо неразгаданное, мифическое, неуместным появлением своим не спасает Пучинелла от роковой развязки и только возбуждает в зрителях недоумение. Неунывающий Пучинелла садится верхом на черта (необыкновенно похожего на козла), но черт не слушается; всадник зовет Петрушку на помощь, но уже поздно: приговор изречен, и Пучинелла погибает образом, весьма достойным сожаления, то есть исчезает за ширмами.

Раздается финальная ария, представление кончилось. Публика чрезвычайно довольна, но когда шарманщик взял бубен, завертел его на мизинце и стал обходить зрителей, толпа заметно стала редеть. Первыми дезертирами оказались два солдата и баба с веником под мышкою: рев детей, на минуту умолкнувший, возобновился с большей силой и заставил мамок поскорее удалиться; словом, из толпы утекали поминутно. К совершенному отчаянию шарманщика, даже и сам толстый господин в очках, остановившийся послушать комедию, посмотрел на бубен, подносимый ему шарманщиком, как бы не понимая, чего хотелось просителю; с горя шарманщик обратился к ложам, то есть к окнам, в которых все еще торчали головы любопытных; наконец один пятак упал, звеня и прыгая, на мостовую, за ним другой, потом третий, брошенный собственноручно сыном Федосея Ермолаевича, которому папенька вручил его с наставлением: "Брось ему, душенька, в бубен".

- Нет, нет, то, то, они вот, так вот все играют? - твердил упрямый мальчишка...

Пятак как-то неловко упал между камнями; тут чиновник в красной ермолке, не давший решительно ничего и более других хлопотавший о начатии комедии, принял необыкновенное участие в судьбе шарманщика.

- Направо, направо, - кричал он, указывая ему пальцем на то место, куда упал пятак. - Еще правее... эх, братец! не туда! говорят тебе, правее.

- Направо, теперь еще немножко назад, - слышался голос из другого окошка.

"Эх, вы, - думал шарманщик, нагибаясь, чтобы поднять деньги, - хлопотать-то ваше дело, на то вы мастера, а вот как самому положить что-нибудь, так нет... эх! житье, житье!"

Шарманку сняли, и под звуки плачевной музыки она тронулась с места; толпа расходилась; чем бы, кажется, и все должно было кончиться, но тут случилось обстоятельство, которого пропустить невозможно. Дождь, накрапывавший еще до окончания комедии и не примечаемый увлекшеюся публикой, полил как из ведра; чиновник в очках, по благоразумному своему обыкновению в таких случаях, полез в карман, чтобы вытащить оттуда платок и обернуть им еще новую шляпу, как, к совершенному своему изумлению, вместо платка вытащил чью-то руку, уже прежде нырнувшую туда за платком.

Чиновник обернулся, но мальчишка, наш старый знакомый (это был он), одним движением руки вырвался из тисков оскорбленного чиновника, ринулся вперед и исчез в толпе.

"Держи! держи!" - закричал чиновник; "Держи! держи!" - раздалось повсюду, "Держи!" - закричали мастеровые.

Двор опустел до единого; один только мужик, восторженно хохотавший от самого начала до развязки, остался на прежнем месте; улыбка удовольствия еще не покидала лица его; он осмотрелся кругом, взглянул на то место, где стояла шарманка, не забыл посмотреть на окна, которые запирались от проливного дождя, и, сделав недовольную мину, отправился к воротам.

Под воротами он встретил бедную собачонку, дрожавшую от холода и прижимавшуюся к стенке. Мужик остановился, посмотрел на нее пристально, нагнулся к ней как можно ближе и произнес: "Озябла!..", после чего тотчас же покинул двор, весьма довольный собою.

VII

Заключение

Случалось ли вам идти когда-нибудь осенью поздно вечером по отдаленным петербургским улицам?

Высокие стены домов, изредка освещенные тусклым блеском фонарей, кажутся еще чернее неба; местами здания и серые тучи сливаются в одну массу, и огоньки в окнах блестят, как движущиеся звездочки; дождь с однообразным шумом падает на кровли и мостовую; холодный ветер дует с силою и, забиваясь в ворота, стонет жалобно; улицы пусты, кое-где плетется разве запоздалый пешеход или тащится извозчик-ночник, проклиная ненастье; но скоро все утихает, изредка только слышатся продолжительный свист на каланче или скрип барки, качаемой порывами ветра, и снова все погружается в безмолвие.

Погода всегда имеет сильное влияние на расположение духа, и вам как-то невольно становится грустно. Постепенно одна за другою приходят на ум давно забытые горести; одно печальное, неотрадное наполняет душу, и невыразимая тоска овладевает всем существом вашим...

Вы входите в глухой, темный переулок; сердце ваше сжимается еще сильнее прежнего. Высокие заборы исчезают в темноте; полуразвалившиеся лачужки без признака жизни, все пусто, ни живой души, разве пробежит мокрая собачонка, фыркая и чутко обнюхивая, в тщетной надежде напасть на след потерянного хозяина... Вдруг посреди безмолвия и тишины раздается шарманка; звуки "Лучинушки" касаются слуха вашего, и фигура шарманщика быстро проходит мимо.

Вы как будто ожили, сердце ваше сильно забилось, грусть мгновенно исчезает, и вы бодро достигаете дома. Но не скоро унылые звуки "Лучинушки" перестанут носиться над вами; долго еще станет мелькать жалкая фигура шарманщика, встретившаяся с вами в темном переулке поздно ночью, и вы невольно подумаете: может быть, в эту самую минуту, продрогший от холода, усталый, томимый голодом, одинокий, среди безжизненной природы, вспоминал он родные горы, старуху мать, оливу, виноград, черноокую свою подругу, и невольно спросите вы: для чего, каким ветром занесен он бог знает куда, на чужбину, где ни слова ласкового, ни улыбки приветливой, где, вставши утром, не знает он, чем окончится день, где ему холодно, тяжело...

ЛОТЕРЕЙНЫЙ БАЛ

В Петербурге (не говоря уже о других городах России) с наступлением 17 сентября происходит несравненно более движения, нежели в остальные обыкновенные дни. Кареты беспрерывно сталкиваются у входа магазинов; особы разного рода и даже лица, вовсе не имеющие в себе ничего особенного, выходят большею частью из кондитерских, неся под мышкою узлы и корзины; модные и игрушечные лавки опустошаются; в залах английского магазина и à la renommée[6] нет решительно прохода; в милютиных - давка и теснота; не только на улицах, но и в каждом почта доме движение в этот день возрастает с неимоверною силою. Тут натирают паркет, там, против обыкновения, привешивают гардины; в другом месте, также вопреки установленному порядку, сальные свечи заменяют стеариновыми; в третьем к обыкновенным двум или трем ломберным столам, расставляемым с немецкою аккуратностию каждый

---

[6] пользующийся хорошей репутацией (фр.- Ред.).

вечер, присоединяют еще два или три; словом, под каждою почти кровлею происходит беготня, суматоха, преобразование...

Вам, может быть, покажется весьма странным, почему именно все это делается 17 сентября. Помилуйте! да как же может быть иначе? сами посудите: у того - жена Софья, у другого - две дочери, Вера и Любовь, у третьего - сестра Надежда, у четвертого - свояченица Агафоклея (к счастию, это случается всего реже), и, наконец, пятого судьба наделила всем вместе - Верою, Любовию, Надеждою, Агафоклею и Софьею,- как не может быть иначе?.. Но вся эта кутерьма, относительно говоря, ничего не может значить в сравнении с тою, которая происходила в этот день, прошлого года, на Петербургской стороне, в доме коллежского секретаря Фомы Фомича Крутобрюшкова.

Представьте: судьба, эта судьба, не обращающая даже решительно никакого внимания на чины, а следовательно, и соответствующее им жалованье, наделила его женою и тремя дочерьми. Предвидя горестное свое положение и издержки, которые навлекут ему ежегодные празднования дочерних именин (ибо это по сию пору считается у нас священнейшим долгом), Фома Фомич дал детям своим имена святых, празднуемых в один и тот же день.

Впрочем, так поступают люди и не находящиеся в положении Крутобрюшкова; я даже уверен, что цель их в таком случае заключает в себе более экономическую идею, нежели удовольствие изображать семейство аллегорически, т. е. крестом, якорем и пылающим сердцем1.

Именины не произвели бы в доме Фомы Фомича особенного переворота и отпраздновались бы по обыкновению тихо и скромно, если б почтенному чиновнику не пришло в голову, месяца за два до описываемого нами события, затеять лотерею. Разумеется, идея эта, равно как и всякая другая, родилась в голове коллежского секретаря не следствием мышления, а случайно; вот каким образом это было.

Старший брат его, содержавший между третьего и четвертою линиями Васильевского острова лавочку, где продавались разные старинные вещи, как-то: мебель, жесть, картины и книги, умер вдруг скоропостижно, оставив ему по завещанию все свое имущество. Фома Фомич имел столько твердости характера, что, несмотря на грусть, тяготившую его душу, на другой же день после горестного события приступил к распродаже полученного наследства. Некоторые, однако, вещи были пощажены; Фома Фомич, наслышавшийся от добрых людей о необыкновенных выгодах делать лотереи, положил ими воспользоваться и испытать счастие. Действительно, не прошло одного месяца, как советы приятелей оказались основательными и осуществили мечты его даже сверх ожидания. Билеты разбирались с неимоверною быстротою.

Невзирая на то, что большая часть билетов была уже взята,

Крутобрюшков без сомнения отложил бы розыгрыш до другого раза, продолжая действовать таким образом до бесконечности, как это делают весьма многие, даже весьма почтенные люди, если б одно важное обстоятельство не препятствовало ему в этом.

Случилось как-то Фоме Фомичу сесть в департаменте подле советника, Александра Петровича Цвиркуляева; советник, сохранявший во всех случаях жизни необыкновенную важность, не известно почему на этот раз не мог скрыть хорошего своего расположения и был чрезвычайно в духе.

Движимый каким-то необыкновенным чувством умиления, рождающимся у каждого подчиненного, которому удастся сесть подле старшего в добрый час, Крутобрюшков не мог утерпеть, чтобы не сообщить ему своего намерения. Александр Петрович, желая показать себя вполне снисходительным начальником, не только одобрил предприятие подчиненного, но даже взял два билета, тут же обещав присутствовать при розыгрыше.

Как видите, не было возможности отложить лотереи, и Фома Фомич, в избежание лишних издержек, назначил розыгрыш в день именин жены и дочек.

Но прежде, нежели приступим к описанию приготовлений для вечера, следует короче познакомить читателя с лицами, разыгрывающими на нем главную роль.

Фома Фомич Крутобрюшков - человек небольшого роста, довольно толстый, с необыкновенно красным лицом и гладкою лысиною. В наружности его нет ничего особенно замечательного, разве только то, что он совершенно лишен бровей, отчего лицо его принимает какое-то сладко-медовое, временами даже приторное выражение. Он чрезвычайно богомолен, исправен к службе, в которой состоит уже 13 лет, хороший отец семейства, плохо знает грамоте и необыкновенно склонен к спекуляции. Супруга его (Софья Ивановна), средней полноты женщина, совершенный pendant[7] мужу, за исключением бровей, которые у ней как нарочно чрезвычайно густы и черны. Соседки уверяют, будто она большая сплетница, но я приписываю это мнение более зависти, возбужденной тем, что Софья Ивановна - кума одного гарнизонного майора, нежели справедливости. Г-жа Крутобрюшкова чрезвычайно горячая женщина и часто употребляет во зло дарованные ей от природы физические силы (в этом сознается иногда и сам Фома Фомич). Дочерей держит она б ежовых рукавицах, управляет решительно всем домом и стряпает на кухне, когда к обеду назначена кулебяка - блюдо, прославившее ее в околотке. Одна из отличительных черт Софьи

---

[7] подобие, соответствие (фр.- Ред.).

Ивановны - память; в этом отношении она до того счастлива, что помнит наизусть весь календарь; спросите вы у ней хоть день Мамельфы, Евпсихия и Евтихия, и она тотчас же безошибочно ответит вам, в какие именно дни празднуются Мамельфа, Евтихий и Евпсихий. Софья Ивановна большая охотница приглашать гостей; иную зовет на чай, другую на ватрушку, третью на яичницу, хотя обыкновенно по истечении визита ругает их напавал и уверяет, что ее объедают, по московской привычке хлебосольства. Все это не мешает, однако, г-же Крутобрюшковой быть весьма хорошею хозяйкою и доброю супругою. Что ж касается до дочерей Фомы Фомича, одно казанское стихотворение избавит нас от описания их наружности:

> Одна из них, Вера, брюнетка;
> Другая, Любинька, кокетка,
> А третья, Надинька, блондин,
> Всех лучше же из них блондин!

И действительно, Надинька, младшая дочь почтенного чинозника, отличается от сестер довольно хорошеньким личиком, возбуждающим зависть Веры и Любви. Любочка, старшая из них, перешла уже за пределы невесты: ей около 27 лет; но это обстоятельство еще более возбуждает в ней желание нравиться и кокетничать. С нею случилось много романтических приключений, между которыми одно достойно быть поименовано. Она влюбилась раз в какого-то коллежского регистратора, посещавшего довольно часто их дом; регистратор подавал большие надежды сделаться ее супругом; но потом оказалось, что он делал это только так, для препровождения времени, в особенности после того, как он женился на купчихе. Любовь Фоминишна, в порыве отчаяния и ревности, хотела сначала броситься в Малую Невку, но, к счастию, ограничилась отправлением к изменнику письма следующего содержания:

"Стыдитесь што вы меня обманули, не только перед вами и перед богом честь моя дорога, бог накажет вас как вы могли это сделать... Ах несносно, за добро слышать зло, я записку вашу прочитала и в обморак упала легче бы вы испесталета убили меня я не мучилась бы... ах, ах я страдаю отвас с добростью души бог накажит жестоко меня обижать бог стабой умираю аттаски ах ах злодей..."

Излив таким образом свое отчаяние, Любовь Фоминишна, как бы в отмщение вероломному любовнику, стала без разбора кокетничать со всеми его приятелями; но так как ни один из них не примечал ее авансов, то по сию еще пору она находится в девическом звании.

Верочка совершенная противоположность сестры; она чрезвычайно застенчива и сентиментальна. Чувствительность у нее также доходит до высшей степени. Бьет ли на дворе петух курицу - она плачет; не удастся ей продеть нитку в иголочную скважину - опять плачет; случится ли ей уронить тарелку или разорвать фартук - новые слезы; словом, она готова плакать во всякое время и во всякий час. У Верочки под головами всегда хранится какой-нибудь мрачный роман вроде: "Любовь негра, или Черный, каких мало белых" - или тому подобная книга. Любочка находит неизъяснимое наслаждение дразнить Верочку, называя ее зюзей. Надинька совершенный ребенок и беспрерывно поет: "Вдруг взбрунтило фортепьяно,- ууу - летай, тоска моя!" - и т. д.

Все три без исключения страстные охотницы наряжаться и гулять по гостиному двору.

Чтобы дополнить картину семейного счастия коллежского секретаря, необходимо познакомить читателя с Савишной, состоящею у него (выражение чисто департаментское) в должности кухарки. Савишна, как и все русские бабы, занимающиеся кухмистерским искусством, не может похвастать лишнею чистоплотностию. Особенною сметливостию также не обладает, ибо только что привезена из Калуги, места ее рождения. Савишна терпеть не может стирать пыль; она никак даже не может понять, к чему это делается, и говорит, когда принуждает ее к тому Софья Ивановна: "Чтоб тебе лопнуть... право! да ты хоть стирай ее сколько хошь, а завтра же набежит ее, окаянной, вдвое больше". Любовь, Веру и Надиньку называет она молоденькими барышнями и в свободное время гадает им довольно удачно в карты.

17 сентября семейство коллежского секретаря поднялось несравненно ранее обыкновенного. После обычных поздравлений и после того, как Савишна поднесла Софье Ивановне двухсполтинный крендель, оно расположилось вокруг кипящего самовара и принялось пить чай.

- Ну, матушка, вот и добрались мы до твоих именин,- сказал Фома Фомич, хлебнув чаю.- Ну что, Надя (она была его любимица), я чай, ты рада, что сегодня будут гости? да уж, я думаю, и всем-то вам целые две недели только и мерещилось, а?..

- Поговорим-ка лучше о деле,- отвечала серьезным тоном Софья Ивановна,- ведь шутка ли, я думаю, сколько народу наберется... куда-то мы их поместим, подумай хорошенько... всего две комнаты...

- Что ж делать!.. кроме своих, должны приехать и те, которые взяли билеты на лотерею... я и сам думал, что квартирка-то будет малешенька, ну, да авось не все будут...

- Как бы не так! Эх ты, простофиля, простофиля! не знаешь разве, что они только и ждут, как бы поесть да попить на чужой счет.

- Оно все так, Софья Ивановна, ну, да авось бог даст, как-нибудь... постой! надо посмотреть, сколько еще остается невзятых билетов.

Сказав это, Фома Фомич подбежал к комоду, открыл его и вынул из второго ящика снизу лист бумаги, на которой были означены выигрыши и нумера. Он знал список наизусть давным-давно, равно как и все члены семейства, но делал это потому, что находил большое удовольствие любоваться им, во-первых, как собственною своею придумочкою, а во-вторых, как порукою за изрядное количество целковых (некоторые чиновники взяли билеты в долг.)

Вот что в сотый раз прочел коллежский секретарь: "Разыгрывается дружеская лотерея, с балом, музыкою, танцами и ужином и разными забавами. Предметы:

1. Кольцо бриллиантовое.

2. Часы серебряные англицкие.

3. Золотая цепочка с ключиком,

4. Фортепианы обоктавах.

5. Большая пенковая трубка в серебряной оправе и большой власиной чубук.

6. Ящик из Италии, с дамскими вещами, как-то: ножницы, наперсток, игольник, продивательная иголка, две перламутровые мотовки и зеркалом. Цена билету один рубль серебром".

Внизу, где означены были нумера, знакомые и приятели Фомы Фомича расписались каждый против избранного им билета. Маленькие крестики, наставленные аккуратным хозяином с левой стороны некоторых билетов, означали, что они взяты за наличные деньги, словом, все было как следует. Одно только в списке могло показаться странным человеку, чуждому мелкого чиновничьего круга: то, что большая часть чиновников не выставила на нем своих фамилий, но вместо их лист был испещрен разными аллегорическими надписями; например, против восьмого нумера было написано: счастливец; в другом месте, вероятно, какой-нибудь забавник или так называемый "душа департаментского общества" довольно тщательно вырисовал: адье ман шер ами; в третьем фамилия была заменена, неизвестно по каким причинам, следующими словами: мое почтение, и т. д.

Фома Фомич, казалось, был чрезвычайно доволен такими любезностями и продолжал читать: "Конец сих билетов, коллежский секретарь Фома Крутобрюшков, 1844-го года, августа 17-го".

- Один только Михаила Михайлович Желчный не взял билета,- сказал он, окончив чтение.- Нет, говорит, знаем мы эти лотереи, да и притом, сколько ни брал билетов, никогда не выигрывал, так уж и закаялся. Скряга, знает только таскаться по гостям да наушничать.

- Уж я его когда-нибудь да отделаю по-своему... перечти-ка, кто да кто будет, ведь надо приготовить кое-что.

- Будет, во-первых, Александр Петрович Цвиркуляев, советник наш...

он взял два билета... Пожалуйста, Люба, не забудь ему первому подавать яблочки, закуску и все, что ни есть... да и все-то вы старайтесь как можно более угождать ему... потом будет еще Вакх Онуфриевич...

- Ах, Фоша, он и у нас напьется, пожалуй, как на крестинах у Ивана Ивановича Маслянникова.

- Ну, во избежание этого, распорядись так, чтобы каждому пришлось не более одного пунштика... еще приедут: Мефодий Карпыч, коллежский асессор, Акула Герасимович Ершов, экзекутор, кума Арина Петровна, ну, да это своя, Сила Мамонтович с супругою... Иван Иванович Маслянников...

- Да сам ты посуди, Фома Фомич, ну, чем мы их накормим? шутка ли, почти весь департамент... сам посуди...

- Нельзя иначе, матушка, ведь зато лотерея, не даром же их угощаем... будут еще: Волосков, помощник столоначальника, Владимир Макарович Семяничкин с супругою... Наталья Кузминишна... я, бишь, и позабыл Ивана Ивановича Елкина... прекрасный молодой человек, на хорошем счету у начальства, жалованье такое, что... вот жених Любочке...

- Ну, уж хорош ваш Елкин,- отвечала отрывисто и грубо старшая дочь Крутобрюшкова,- да я лучше повешусь, чем пойду за такого елистратишку...

- На тебя никак не угодишь! и чем Елкин не жених тебе? право, не понимаю! Чтобы только не изменил Аполлон Игнатьевич; он обещался непременно приехать побрякать на фортепьянах; да бог его знает, неравно нам на беду выпьет, так и поминай как звали... Ну, смотрите же, дети,- продолжал Фома Фомич,- ради Христа будьте обходительнее с гостьми; в особенности с нашим советником; человек он старший, может при случае оказать покровительство.

- Да есть, чем нам взять,- сказала Любочка, толкнув чашку,- хоть бы сшили нам новые платья, а то как какие-нибудь салопницы...

- Что такое? мать хуже тебя, что ли? а! сказывай, хуже тебя мать, что в старом капоте ходит да переворачивает его каждые два года... хуже тебя сестра-то, что ли? а!..- произнесла вдруг Софья Ивановна, подступая к дочери.

- Полно... Сонюшка... оставь ее... и для такого дня...- сказал Фома Фомич, удерживая длань супруги, готовившуюся опуститься на дочерние плечи (мы уже говорили, что Софья Ивановна любила прибегать к сильным мерам).

- Нет, нет, хуже тебя мать, что ли?..

- Да что вы в самом деле раскричались,- завопила Любочка,- пусть она себе дуры слушаются вас, а я и знать-то не хочу!

- Ги, ги, ги...- жалобно запищала Верочка,- как она смеет называть нас дурами...

Любовь Фоминшнна вышла в другую комнату, сильно хлопнув

дверью. Вскоре послышался ужасный вой, который как бы мгновенно водворил спокойствие в остальных членах семейства. Софья Ивановна, привыкнувшая к подобным сценам, налила себе новую чашку чаю; Верочка перестала хныкать, Фома Фомич развалился на диване.

- Ну, мать моя,- сказал он,- ты уж там распорядись, как знаешь, насчет покупок, а я покуда с детьми прибе́ру все к месту, нельзя же так оставить. Вот тебе две красненькие,- продолжал супруг, вынимая деньги из кожаного замасленного бумажника,- больше, право, не могу...

- Я думаю, будет довольно... да бишь, не лучше ли записать, что надо купить, неравно позабуду... встань же, что ты развалился, время ли теперь отдыхать...

Фома Фомич встал, придвинул к себе баночку с чернилами и начал писать под диктовку:

- Полфунта чаю, бутылку рома, два фунта винных ягод и пастилок, Наде башмаки, пять лимонов, стеариновых свеч восемь штук...

- Маменька, купите, пожалуйста, помады, только розовой,- перебила Надинька.

- Да... ну, запиши: помады розовой, шнурок черный, две желтые ленты, восемь фунтов телятины...

- Этак ты, пожалуй, весь Петербург вздумаешь закупить... помилуй, Софья Ивановна, да и денег не хватит... на что, примерно, телятина, на кой черт телятина?..

- Уж ты сделай такую милость, не мешайся не в свое дело, а знай только пиши...

- Ей-богу, Софья Ивановна, телятина совершенно лшпнее... а вот, по-моему, купи лучше икорки, свежей, хорошей икорки... это будет лучше, да и дешевле...

- Ну, хорошо, хорошо, запиши...

- Икорки... ну, теперь, кажется, все... с богом, а мы займемся делом; пора! скоро уже десять часов, а еще ничего не готово.

Софья Ивановна надела салоп, завязала в платок список и ассигнации и, сопровождаемая Савишною, вскоре отправилась на ваньке в город.

Труд, предпринятый почтенным отцом семейства, был тем более тяжел, что самое расположение квартиры было весьма неудобно. Во-первых, она имела общий недостаток всех петербургских, а именно, начиналась кухней; из кухни тянулся узенький коридор, делавшийся решительно непроходимым чрез двухспальную постель обоих супругов, которую не было никакой возможности поместить в другое место, так что попасть в следующую за коридором комнату можно не иначе, как пробравшись бочком или, если кому излишняя дородность не позволяла это сделать, перескочив чрез нее; впрочем, при дородности и этот способ не мог быть употреблен в действие. За коридором находились две комнаты; первая из них служила гостиною и залою, вторая спальнею Верочки, Надиньки и Любочки.

Фома Фомич, невзирая на все затруднения, не падал, однако, духом (таково было его обыкновение). Посреди первой комнаты поставил он фортепьяны, как главный предмет и выигрыш лотереи; на них весьма красиво лежали остальные выигрыши, между которыми отличались: ящик из Италии и баснословной величины пенковая трубка, горделиво возвышавшаяся на пестрой тарелке. Кругом были расставлены стулья и два дивана, обитые хотя старенькой, но красивенькой клеенкой; стены серо-молочного цвета пестрели картинами, между которыми портрет директора департамента, где служил Крутобрюшков (необходимая принадлежность каждого ищущего чиновника), и какой-то ландшафт, писанный масляными красками и почерневший до того, что едва можно было различить на нем небо от земли, были более других достойны внимания. Против одного из диванов Фома Фомич поставил круглый столик, купленный им в старые годы по оказии. Стенные часы остались на старом месте подле окна.

Убранство второй комнаты требовало еще больших хлопот; Любочка решительно отказывалась сдвинуться с места, несмотря на увещания отца и Верочкины слезы. Наконец, кое-как уговорили ее, и спальня трех девушек приняла также довольно благообразный вид. Она была назначена для играющих в карты.

Фома Фомич и дочери его не успели еще совершенно устроиться, как в комнату вошла кума Арина Петровна с изрядной величины кренделем (общепринятым приношением кухарок, кумушек, старушек, которым оказали какое-нибудь пособие, и ключниц).

- Здравствуй, Фома Фомич, здравствуйте, девушки,- сказала она, ставя свою ношу на кругленький столик,- поздравляю вас всех от чистого сердца, дай вам господь бог (тут она перекрестилась) всякого счастия, благополучия да хороших женишков. (Арина Петровна поочередно поцеловала девушек.) Ну, а где же жена-то твоя?- сказала она, переменив вдруг интонацию.- Я чай, за покупками да за хлопотами; дай ей бог дешево отделаться, рыбка нынче стала куда как дорога, проклятые купчишки дерут без всякой совести,- последние слова проговорила она чрезвычайно быстро.

- Да уж нечего говорить, матушка, стоит мне на порядках вся эта кутерьма,- сказал Фома Фомич, несколько недовольный неуместным посещением кумы, а главное, известием о дороговизне провизии...- Благодарю покорно, что не забыли и зашли навестить нас...

- Какое забыть, я вот и кренделек принесла вам, думаю себе: авось пригодится, взяла да и купила... чай, много гостей будет у вас вечером?

- Да, матушка Арина Петровна, немало... немало... присядьте же, что же вы стоите...

- Нет, благодарствуй, я только так, на минуточку забежала, чтобы поздравить вас... знаю, и без меня много вам хлопот... а вот вечерком так приду...

- Непременно... мы вас ожидаем...

После новых лобызаний Арина Петровна вышла, сопровождаемая крестницею (Надинькою), и семейство Крутобрюшкова снова принялось за работу. Все уже было готово, когда возвратилась Софья Семеновна, увешанная узлами и кулечками; окинув взором комнаты, она осталась весьма довольна их видом; одно только смущало ее - это двухспальная постель, так неуместно раздвинувшаяся поперек коридора. Пообедав наскоро, как говорят, чем бог послал, семейство коллежского секретаря приступило к собственному своему преобразованию.

В восьмом часу лестница Крутобрюшковых осветилась сальными огарками, тщательно сберегаемыми экономною хозяйкою дома. Огарки эти были весьма искусно вставлены в огромные репы, посреди которых сам Фома Фомич просверлил дыры; на подъезде горели две плошки; в комнатах, на каждом почти столе возвышались на высоких подсвечниках стеариновые свечи; судя по иллюминации, бал обещал быть великолепным.

Фома Фомич, в белом галстуке и новом вицмундире, бегал из одной комнаты в другую, беспрерывно поправляя то какую-нибудь мебель, то свечку, плохо повинующуюся дрожащим его пальцам (Фома Фомич был в сильном волнении), то, наконец, обращался к дочерям, умоляя их окончить как можно скорее туалет.

Софья Ивановна уже давно была на кухне; стараниями заботливой хозяйки воздвигнулись на тарелках груды винных ягод, пастилок, крымских яблок (принадлежность всякого рода балов, вечеров и пикников), разрезанных пополам; бутерброды также занимали не последнее место. Шеренги стаканов, покуда пустых, вытягивались на комоде кухни, готовые принять в свою пустоту тот благотворный нектар, который чиновник окрестил названием пунштика. Несмотря на такого рода занятия, Софья Ивановна находила время присматривать за Савишной, месившей на сундуке кулебяку (столы все до единого были заняты).

- Ну, смотри же, Савишна,- сказала Софья Ивановна,- делай так, как я тебе сказывала; гостям мужеска пола подавай пуншт, а женщинам чай, да не забудь: не наливать по второму стакану, пока сама не скажу... Эх! кулебяку-то не поджарь...

- Слушаюсь, Софья Ивановна, не обмолвлюсь...

- То-то же, да нарежь ее... Нет, нет, я сама это сделаю... ты только знай подавай, когда я прикажу.

- Слушаю-с, Софья Ивановна... Нетто гостев-то много буде?

- Да, да, чёрт бы их взял, прости господи, немало...

- Что же это они не едут, Софья Ивановна?- произнес Фома Фомич, входя на кухню.- Скоро девятый час...

- Успеют еще... Ну, а что Люба, Надя готовы? я чай, время было примазаться...

- Нет еще, я немало говорил им: вот застанут вас гости; а оне то косыночку, то булавочку... просто беда мне с ними, да и только.

- Постой, вот я их потороплю!- Сказав это, Софья Ивановна направилась в гостиную, где именинницы снаряжались к балу.

- Что, скоро ли вы? Люба! долго ли ты станешь еще жеманиться перед зеркалом?

- Господи! и одеться-то не дадут! салопницами, вы хотите, чтобы мы показались, что ли?., уж без того бог знает на что похожи...

- А вот, поговори-ка у меня еще...

В эту самую минуту в кухне послышался шум, и Софья Ивановна, не докончив речи, опрометью бросилась в коридор. Вера, Люба и Надя в одну секунду спрятали под диван помаду, зеркальце, гребни и стали как бы ни в чем не бывали у дверей. Когда хозяйка дома вошла в кухню, Фома Фомич снимал уже лисий салоп с плеч Натальи Васильевны Семяничкиной, приехавшей с мужем и двумя дочерьми, Анфисою и Ашинькой.

- Здравствуйте, любезнейшая Софья Ивановна,- сказала Семяничкина, страстная охотница разыгрывать роль светской женщины,- вот и мы к вам, поздравляю с именинами и именинницами... деток своих привезла...

- Да-с, и своих деток привезли к вам,- робко произнес Владимир Макарович Семяничкин.

- Ах! сколько, я думаю, вам хлопот, милая Софья Ивановна! Уж я говорила сегодня мужу: надобно быть такой хозяйкой, как Софья Ивановна, чтобы успеть приготовить все для такого множества гостей...

- Да-с, жена говорила-с...- снова пробормотал Семяничкин.

- Пожалуйте в комнату... Наталья Васильевна... Владимир Макарович... Анфиса Владимировна... прошу покорно...

- Владимир Макарович, прошу покорно,- сказал Фома Фомич, приглашая гостя рукою.

Семейство Семяничкиных тронулось. Впереди всех выступала Наталья Васильевна, разодетая, как говорится, в пух, в желтых лентах и чрезвычайно похожая в этом наряде на индийское божество; позади ее шли обе барышни, весьма недурной наружности; шествие закрывал робкий Семяничкин, жиденький, маленький, желтенький, в мешковатом, как-то неловко сидящем вицмундире и вечно слезившимся левым глазом. Миновав Фермопильское ущелье2 (узкое пространство между стеною и кроватью), Семяничкины благополучно достигли гостиной, где ожидали их дочери Крутобрюшкова.

Но едва Софья Ивановна успела усадить гостей на диван и начать с ними интересный разговор о дороговизне квартиры, о ее теплоте, удобствах и неудобствах, как в кухне послышался снова шум и голос Фомы Фомича возвестил прибытие новых гостей. Софья Ивановна почла за необходимое поспешить к ним навстречу.

На этот раз взорам ее предстал бухгалтер Сила Мамонтович Буслов. Кряхтя и пыхтя, снимал он с себя летнее пальто (Силе Мамонтовичу никогда не было холодно, и потому он не считал нужным носить в зимнее время другой одежды); толстые пальцы его, чрезвычайно похожие на моркови, никак не повиновались своему хозяину и, казалось, более и более топырились. Освободившись, наконец, от пальто, тучный бухгалтер пожал сначала руку Фоме Фомичу и потом уже обратился к Софье Ивановне.

- Рад душевно, сударыня, иметь случай лично поздравить вас именинами, равно как почтеннейшего нашего Фому Фомича... вот и жену привез с собою, и дочь... прошу любить и жаловать...

С этими словами он отодвинулся в сторону и представил Софье Ивановне худощавую, как щепку, женщину, с взбитою прическою и до того накрахмаленным платьем, что в случае надобности оно могло служить убежищем и самому Силе Мамонтовичу; в своей стороне, г-жа Буслова представила дочь, молодую девушку лет девятнадцати.

После обычных приветствий и лобызаний дамы отправились в гостиную, где запах гвоздичной сделался еще более ощутителен.

- Софья Ивановна,- сказала Семяничкина, вставая с дивана,- я еще не видала выигрышей: что, они все тут?

- Все, Наталья Васильевна; посмотрите, какой прекрасный рабочий ящичек, просто объеденье, и настоящей французской работы.

- Да, ящичек очень хорошенький... Что бы тебе хотелось выиграть, Анфиса?- продолжала Семяничкина, обращаясь к дочери, когда вышла хозяйка,- ящик для рукоделия или фортепьяно? небось, фортепьяны-то очень хочется?..

- Нет, маменька, мне нравится более кольцо брильянтовое.

- А я желала бы лучше выиграть золотую цепочку с ключиком,- сказала Ашинька.

- А я так просто думаю,- прибавила Наталья Васильевна вполголоса,- что нам ничего не достанется, уж, верно, сами хозяева прибрали себе лучшие билеты... вот вы увидите... Владимир Макарович, куда же ты забился? Сидит себе в углу и на выигрыши даже посмотреть не хочет!

Необходимо здесь заметить, что г. Семяничкин имеет маленькую слабость тотчас засыпать, куда бы только его ни посадили; кроме этого, переход от бдения к сну у него так быстр, что не успеешь повернуться, как уже он закрыл глаза и испускает маленький носовой свист. Он все спал, так что настоящая жизнь грезилась ему как во сне.

Голос супруги (единственное средство, выводящее Владимира Макаровича из летаргии) мгновенно пробудил его.

- Что-с... Наталья Васильевна?- произнес он, подходя к жене.

- Ну, а тебе что бы хотелось выиграть?- спросила она,- небось часы?

- Часы, Наталья Васильевна...

- Ну, и от фортепьян бы не отказался?

- Пенковая трубочка больно хороша, Наталья Васильевна...

- Ну уж, нашел что сказать! пенковая трубка!., да я и даром не возьму ее... а вот кабы рабочий ящик... ну, это другое дело...

- Да, рабочий ящичек... лучше...

Щепкообразная жена и дочь Силы Мамонтовича не принимали решительно никакого участия в лотерее и как вкопанные сидели на одном месте.

Вскоре тяжкие вздохи, раздавшиеся в коридоре, возвестили, что толстый бухгалтер силится пройти между постелью и стеною; но, к общему удивлению, он не замедлил явиться в гостиную.

Пока почтенный этот муж, страстный любитель музыки, театров и вообще изящного, как-то: расписных московских табакерок, оружия и статуэток, продающихся на улицах, распространялся с дамами об удовольствиях, доставляемых ему такого рода предметами, квартира Крутобрюшкова наполнилась народом.

Один за другим появлялись: Вакх Онуфриевич Петерка, известная уже читателю кума Арина Петровна, состоящий в должности помощника бухгалтера Аристарх Виссарионович, у которого глаза были необыкновенно похожи на глаза болонки, которую баловница-барыня кормит мясом, т. е. тонули в каком-то брусничном варенье.

В гостиной Фомы Фомича становилось уже тесно, когда явились Иван Иванович Масляников с малолетним сыном своим Ванюшею, Михаила Михайлович Шелчный, чиновник в отставке, и Аполлон Игнатьевич, тот самый, который должен был играть на фортепьянах. Особенно появление последнего чрезвычайно обрадовало и успокоило Фому Фомича.

- Фома Фомич! а Фома Фомич! что же, братец, скоро ли лотерея?- спросил Михаила Михайлович Желчный, когда общество поуселось.

- Ожидаем только Александра Петровича... нашего советника...

- Как! и он будет... Ба! ба! ба... да я этого и не знал,- произнес Сила Мамонтович, обтирая пот, капавший у него с носа;- у тебя, как я вижу, Фома Фомич, бал не на шутку...

- Даже Александр Петрович сам два билета взял...

- Как! и два билета взял! ну, брат, молодец!

- Верно, как-нибудь да сам подсунул,- сказал Желчный на ухо Акуле Герасимовичу Ершову, состоящему в должности экзекутора.

- Акула Герасимович, мое вам нижайшее почтение,- произнес Фома Фомич, подходя к нему,- благодарю за посещение...

- Очень рад... не стоит благодарности...

- Здравствуйте, Иван Иванович,- продолжал Крутобрюшков, увидя Масляникова с Ванюшею,- сколько лет, сколько зим... как вы в своем здоровье?

- Вашими молитвами, почтеннейший Фома Фомич...

- Здравствуй, Ваня... да какой он у вас умница...

- Душенька, поцелуй же дядиньку,- сказал Иван Иванович, гладя по головке сына.

- А который годок?

- Да в день Фрола и Лавра шестой пошел.

- Шестой!.. зовут, Иван Иванович... извините...- Фома Фомич вышел в коридор.

- Тятинька... тятинька... то, вот это такое?- спросил Ванюша, показывая на фортепьяны.

- А это музыка, душенька... вот что играют.

- Музыка... а это то такое,- продолжал ребенок, вскарабкавшись на фортепьяно и трогая трубку, часы и ящик из Италии.

- Не тронь, не тронь, душенька, неравно раскокаешь... это трубка.

- Тубка!

- Скажите, пожалуйста, Иван Иванович, как здоровье вашей супруги?- спросила Софья Ивановна.

- Благодарю покорно, вашими молитвами... надеюсь, что скоро будет всему конец.

- Как, разве она еще не родила?

- Нет, но на этих днях...

- Фома Фомич! Софья Ивановна! что же лотерея?- произнесли несколько голосов.

- Сию минуту, господа, сию минуту; повремените немного... я думаю, тотчас приедет Александр Петрович; согласитесь, что без него нельзя же...

- Да и не устроено у тебя, кажется, еще ничего насчет билетов,- сказала кума Арина Петровна.

- Все готово, только не едет Александр Петрович...

- А кто станет вынимать билеты?

- Кто-нибудь, все равно.

- Нет, Фома Фомич, надобно, чтобы непременно вынимал их ребенок... это везде так водится...- произнес Михаила Михайлович

Желчный, находивший неизъяснимое удовольствие ставить всех в затруднительное положение...

- Да, разумеется,- продолжал Сила Мамонтович,- разумеется, должен вынимать билеты ребенок... это, так сказать, эмблема невинности, ангел божий...

- В таком случае Иван Иванович одолжит нам своего Ваничку.

- Очень рад, очень приятно... Ваня, Ваня, хочешь вынимать лотерею?

- Качу... лотерею...

- Какой миленький ребенок,- сказала Наталья Васильевна, подходя к Масляникову с дочерьми Крутобрюшкова...- и который годок?

- В день Фрола и Лавра шестой-с пошел...

- Поцелуй меня, душенька,- продолжала г-жа Семяничкина.

- Поцелуй же тетиньку...

Иван Иванович был чрезвычайно доволен, что гости Фомы Фомича принимают такое живое участие в его сыне; он посадил его к себе на колени.

- Ну, што, плутишка, ты кого больше любишь: мамашу или папашу?

- Ма... ма... и папашу.

- Ах, какой умница! поцелуй меня, душенька! какой умный мальчик! как это сейчас видно в ребенке, что будет умницею!- произнесли вдруг в толпе, окружившей Ивана Ивановича.

Масляников был вне себя от радости и, чтобы еще более похвастать перед гостями остроумием Ванюши, спросил его:

- Ну, а кого бы ты хотел, пузырь ты этакой, чтобы родила мамашинька, братца или сестрицу?

- Ла... ла... лашадку,- бойко отвечал Ванюша.

Толпа захохотала. Иван Иванович, не ожидавший такого ответа, сконфузился так, что опустил сына на пол и начал без всякой причины шарить у себя в кармане. В самую эту минуту в дверях показался советник Александр Петрович Цвиркуляев, а вслед за ним и хозяин дома. Поклонившись довольно важно, Александр Петрович каким-то принужденным тоном сказал Фоме Фомичу:

- Представь же меня твоей жене... я хочу с нею познакомиться.

- Софья Ивановна... Софь... вот я... Александр Петрович...- и Крутобрюшков толкал вперед жену и дочерей.

- Да она у тебя, братец, еще молоденькие,- произнес советник с некоторою нежностью, тряся Надиньку без церемонии за подбородок...- ну, а что же лотерея?

- Сию минуту, Александр Петрович, сию минуту...

Все общество окружило фортепьяно; Михаила Михайлович Желчный и экзекутор старались более других стать на виду советника.

Ванюша, к совершенному удовольствию отца, был посажен на

фортепьяно между рабочим ящиком и пенковою трубкою, все еще лежащею на тарелке, с назначением вынимать пустые бумажки или выигрыши. Нумера говорила Анфиса Владимировна, старшая дочь г-жи Семяничкиной.

Лотерея началась.

Два только лица не приняли участия в розыгрыше лотереи: чувствительная Вера Фоминишна и Дмитрий Алексеевич Волосков, уже с давних пор чувствовавший к ней непреодолимое влечение. Они отошли в сторону и предались молчанию, прерываемому только тяжкими вздохами: так проявлялась у них любовь.

Между тем в другом конце комнаты совершенно противоположные чувства волновали толпу. При каждом нумере, вынимаемом Анфисою Владимировною, и в особенности каждый раз, как маленький Ванюша развертывал бумажку с выигрышем или пустую, она сильно напирала на фортепьяно, томимая ожиданием.

- Нумер девятый!- произнесла Анфиса Владимировна.

- Лопнул!- сказал, радостно улыбнувшись, Михаила Михайлович.

- Нумер пятнадцатый!

- Лопнул!

- А! черт побери!- сказал Акула Герасимович Ершов,- проиграл! впрочем, я это знал наверное; еще сегодня говорил Михаилу Александровичу Поплевину, что наверное проиграю... уж такая звезда!

- Я докладывал вам,- шепнул ему на ухо Желчный,- что тут должна быть фальшь, непременно фальшь... вот посмотрите, если советник что-нибудь да не выиграет.

- Нумер двадцать первый!

- Лопнул!

- Девяносто седьмой!

- Лопнул!

- Третий!

- Лопнул!

- Первый!

Наталья Васильевна обомлела. Это был ее нумер.

Иван Иванович, неразлучный с сыном, помог ему развернуть бумажку и, видя что-то писаное, прочел довольно внятно:

"Пенковая трубка, в серебряной оправе, и большой власиной..."

- Ну, так и знала!., что бы выиграть рабочий ящик!.. а все Владимир Макарович!

Но ответа не было; должно быть, г. Семяничкин куда-нибудь да прислонился. Лотерея продолжалась.

- Нумер тринадцатый!

- Лопнул!

- Пятьдесят шестой!

- Лопнул!

- Сотый!

Иван Иванович прочел: "Ящик из Италии".

- Как, я выиграл?- спросил с самодовольною улыбкою советник.- Ну, признаюсь, не ожидал...

- Честь имеем поздравить,- сказали в одно время Ершов и Желчный.

- Прикажете, Александр Петрович, принести вам на дом, или угодно будет самим взять выигрыш?

- Нет, зачем же, я лучше сам возьму его,- отвечал советник.

- Я говорил, что фальшь! - шепнул Михаила Михайлович экзекутору.

- Теперь сам это очень хорошо вижу.

Вскоре лотерея кончилась; фортепьяны достались какому-то чиновнику, не присутствующему на вечере; остальные вещи почти все снова перешли в руки хозяина дома.

Александр Петрович, несмотря на увещания Софьи Ивановны и Фомы Фомича выкушать хоть одну чашечку чая, уехал тотчас же после розыгрыша с своим ящиком, отговариваясь делами. Ванюша тоже расстался с обществом и был уложен заботливым отцом и Надинькою на двухспальную постель. Остальные лица разбрелись по комнатам, рассуждая о превратности счастия и капризах судьбы.

После отъезда Александра Петровича Крутобрюшков сделался как-то развязнее; он бегал от одного приятеля к другому с картами в руках, упрашивая их составить партию.

- Скажите, пожалуйста, почтеннейший Акула Герасимович,- сказал вполголоса Михаила Михайлович,- нас, верно, пригласили сюда с тем, чтобы уморить с голода... ну уж вечеринка!.. А еще написано "с угощением и разными забавами",- хороши забавы, когда есть не дают...

- Да, я сам что-то проголодался...

- Ну, слава богу, кажется, несут пунштик...

Действительно, из коридора показалась Савишна с огромным подносом в руках, обставленным стаканами и чашками, за нею шла Надипька, неся, с потупленным взором, корзину с сухарями и ломтиками белого хлеба.

Гости окружили поднос.

- Ну, пунштик,- продолжал Михаила Михайлович на ухо экзекутору,- только слава, что пунштик... просто какой-то жиденький чаишка... э! хе, хе!..

- Я думаю, можно подлить туда немного, знаете, того... ромашки.

- Послушай, милая, как тебя зовут?

- Савишна-с.

- Знаешь ли, Савишна, нельзя ли как-нибудь подлить в наши стаканы ромцу, а?

- Нет, Софья Ивановна и то заругалась, говорит: много налила...

- Что ты врешь, дурища ты этакая!- вскричала Софья Ивановна, лицо которой побагровело от досады.- Извините-с, Михаила Михайлович, глупая баба, только что из деревни сию минуту... пожалуйте ваш стакан.

- Деревенская простота-с,- заметил Михаила Михайлович, злобно улыбаясь...- Ах ты, Савишна, Савишна! вчерашняя-давишня!- продолжал он, глядя на смутившуюся бабу.

Наталья Васильевна Семяничкина, ее дочь, кума Арина Петровна, дочери Крутобрюшкова и Иван Иванович, расположившиеся на диване и стульях около круглого столика, со вниманием слушали Силу Мамонтовича Буслова, выхвалявшего не без особенного красноречия почтамтских и Жуковских певчих. Он уверял, что последние поют как-то фостонически3, и собственно потому предпочитал их первым.

Во время этого разговора в гостиную Крутобрюшковых вошла вдова Пелагея Кузминишна Кувыркова, с двумя дочками и сыном, молодым человеком чрезвычайно вертлявым, с тщательно завитым хохоликом. Во всех своих движениях обнаруживал он претензию на ловкого молодого человека.

Он был в коричневом фраке с светлыми пуговицами, голубом галстуке, лиловом жилете и резинчатых брюках, которыми, казалось, был чрезвычайно доволен, ибо поминутно гладил их ладонью, вытянув наперед ногу.

Пелагея Кузминишна подвела дочек к хозяйке дома; молодой Кувырков поочередно стал подходить к ручкам всех барынь без исключения.

- Ах! как жаль, любезная Пелагея Кузминишна, что вы не поспели к лотерее.

- Что ж делать, милая Софья Ивановна, не было никакой возможности... но где же ваш Фома Фомич?..

- Засел по обыкновению с приятелями в карты... Позвольте представить вам приятельницу мою, Наталью Васильевну Семяничкину.

- Очень приятно... прошу полюбить...

Дамы поцеловались.

В это время Петр Петрович (так звали молодого Кувыркова) успел уже наговорить кучу любезностей и приобрел общее расположение. Он стоял теперь против Любови Фоминишны, умоляя ее танцевать с ним первую французскую кадриль.

- Пелагея Кузминишна, пожалуйте... чаю,- сказала Софья Ивановна, указывая ей на поднос, носимый Савишною...- барышни, не угодно ли вам?.. Петр Петрович!.. не прикажете ли чаю?..

- Нет-с, покорно благодарю, мне здесь гораздо приятнее всякого чая... тем более, что имею удовольствие разговаривать с вашею дочкою.

- Какой он у вас, право, Пелагея Кузминишна... где только барышни, так вот и льнет...

- Да уж не говорите, такой ферлакур4, что просто беда...

- Что ж,- перебила Наталья Васильевна,- для молодого человека это очень хорошо, это даже необходимо, и я нахожу, что ваш сын вполне светский и образованный молодой человек.

Аполлон Игнатьевич, чиновник чрезвычайно великого роста, худощавый, одетый в вицмундир светло-зеленого цвета, сел за фортепьяно. Звуки "Ну, Карлуша, не робей" возвестили начало бала; кавалеры засуетились подле своих дам, остальные лица прижались к стенкам.

Начались танцы.

Между тем во второй комнате игра становилась горячее и горячее; Вакх Онуфриевич, который, вопреки приказаниям, данным Софьею Ивановной кухарке, подавать гостям не более одного стакана пунша, успел каким-то способом подхватить пару, горячился не в пример другим.

- Нет, братец ты мой, как хочешь,- кричал он Акуле Герасимовичу, ударяя кулаком по столу,- а не смей сбрасывать трефовой дамы; этого, брат, ты не смей!..

- Во-первых, я не ты,- сердито отвечал ему экзекутор,- а во-вторых, не имея чести вас знать лично, я спрашиваю вас, милостивый государь, по какому праву вы осмеливаетесь здесь кричать?..

- Что? что?..

- Полноте, господа! Вакх Онуфриевич, как тебе не стыдно!- сказал Фома Фомич,- эка беда, что Акула Герасимович сбросил трефульку, а тебе бы козырнуть да козырнуть, и дело было бы с концом.

Не знаю, чем бы окончилось все это, если б звуки первой французской кадрили, шарканье танцующих и в особенности неистовые притаптывания молодого Кувыркова не возбудили в игроках желания посмотреть, что происходило в гостиной. Действительно, было чем полюбоваться: Петр Петрович, танцующий с Любовию Фомишнною, казалось, хотел на этот раз превзойти самого себя. То с каким-то страстным томлением провожал он свою даму глазами, то вдруг вскидывался в сторону и семенил ногами чрезвычайно быстро; когда даме его следовало делать балансе, он преклонял пред нею одно колено, махал по воздуху платком и улыбался так, что сама Любочка невольно должна была потуплять глаза. Были и другие лица, достойные внимания, как, например, Волосков и еще какой-то молодой чиновник в черном фраке, танцующий с дочерью Силы Мамонтовича, и который употреблял все

39

свои усилия, чтобы обратить на себя внимание, но они решительно исчезали перед удалью Петра Петровича.

- Ну, уж, признаюсь, сударыня, ваш сын так танцует,- сказал толстый бухгалтер Пелагее Кузмишппне,- что я и сказать не умею... и где это он так ловко навострился?..

- Мой Петинька еще по сию пору не покидает уроков... каждую субботу аккуратно посещает он танц-классы.

- А должно быть, там очень хорошо учат, в этих танцклассах?

- Он говорит, что нигде так нельзя научиться танцам... кроме этого, общество, компания, все это там так хорошо, благовоспитанно...

- Конечно,- сказала Наталья Васильевна,- для молодого человека с образованием это много значит, в особенности, если там, как вы говорите, общество, внушающее ему блеск, лоск, этак, знаете, необходимый... лессе-алле5...- тут дама запуталась, или, как говорит Гоголь, зарапортовалась.

- А позвольте узнать, сударыня, сколько там платят, или это так приглашение какое-нибудь?- продолжал расспрашивать простодушный бухгалтер.

- О, нет-с, платят так же, как и в Клубе соединенного общества,- отвечала не менее простодушная Пелагея Кузминишна.- Только не знаю, сколько... да вот, Петинька, Петинька! сколько ты платишь в танц-классе за урок?

- Целковый!- звонко закричал молодой Кувырков, делая антраша.

- Скажите пожалуйста, да это просто клад.

- Уж не говорите...

Кадрили шли одна за другой и прерывались только Софьею Ивановной и Савишной, разносившими гостям (как бы нарочно во время танцев) яблоки, пастилу и винные ягоды.

Одушевление танцующих возрастало с каждым часом; даже Дмитрий Алексеевич Волосков, танцевавший во все время бала с Верочкою и не сказавший ей ни единого слова, решился наконец начать разговор.

- Какие вы беленькие...- сказал он дрожащим голосом и потупляя взор.

- Ах, что вы говорите-с! я совсем не беленькая.

- Нет-с, вы, право, очень беленькие...

- Нет-с, совсем напротив того-с...

Впрочем, их разговор не был продолжителен, они в одно время сконфузились и снова замолчали.

Сам Иван Иванович Масляников не мог утерпеть, чтобы не присоединиться к танцующим; он пригласил младшую дочь г-жи Семяничкиной и пустился в пляс.

Скачки и прыжки молодого Кувыркова все более и более приковывали общее внимание; но, когда дело дошло до мазурки и он пустился в первой паре с Надинькой, не только раздались восклицания, но даже в некоторых концах залы послышались рукоплескания.

- Ах, боже мой, какое счастие иметь такого сына! Какой прекрасный молодой человек! Какая ловкость!- слышалось со всех сторон.

Пелагея Кузминишна была вне себя от радости и материнской гордости.

Толпа более и более окружала танцующих. Кувырков более и более горячился; вдруг, в ту самую минуту, как он стал посреди залы, чтобы выкинуть какую-то штуку, панталоны его, которые для большего эффекта были резинчатые, на этот раз изменили ему: штрибка лопнула, и молодой Кувырков очутился посреди гостиной с обнаженною ногою!!.

Кто опишет действие, произведенное этим несчастным обстоятельством на гостей Крутобрюшкова? Чья кисть в состоянии будет изобразить фигуру Петра Петровича, принужденного показать всему обществу натуральную красоту ноги своей?

Мазурка остановилась, страшный хохот раздался повсюду (Михаила Михайлович хохотал громче всех), барышни с визгом закрыли лицо руками; Пелагея Кузминишна не могла устоять противу такого крутого переворота судьбы; с нею сделалось дурно; словом, смятение было неописанное.

Кувырков, прикрыв кое-как ногу платком, побежал, сломя голову, в кухню, сбил с ног Савишну, которая в свою очередь опрокинула на пол поднос уже с готовыми бутербродами, и, невзирая на последствия побега, направился домой.

Как бы то ни было, обстоятельство это сильно подействовало на общее удовольствие. Пелагея Кузминишна, несмотря ни на какие увещания, не согласилась остаться на вечере после случившегося с возлюбленным ее сыном скандала и тотчас же уехала. Игравшие в карты и прерванные посреди партии общим смятением не изъявили большего желания продолжать игру, тем более что Вакх Онуфриевич снова бурлил, грозя экзекутору уничтожить его, если он осмелится еще раз сбросить пиковую осьмерку. Аполлон Игнатьевич также не изъявил особенного желания продолжать играть на фортепьяно и отговаривался усталостию, словом, все способствовало к прекращению увеселения.

Решили, что пора было перекусить. Не станем здесь распространяться об ужине; скажем только, что кулебяка, в особенности бутерброды, были найдены чрезвычайно вкусными и заслужили Софье Ивановне лестные похвалы от всех, за исключением Михаила Михайловича Желчного, который и тут не мог утерпеть, чтобы не сказать на ухо экзекутору, что кулебяка слишком поджарена, а на бутербродах, вместо пармезана, насыпана пыль. Икорка также была весьма кстати; но Фома Фомич отчаивался, видя, сколько ошибся в расчете, заменив ею телятину, ибо, возбуждая жажду, она заставляла гостей беспрерывно прибегать к напиткам, которых не осталось ни единой капельки. Вакх Онуфриевич во время закуски до того прикладывался к разным водкам, что, вопреки долга, чести, приличия, снял с себя вицмундир и, невзирая на присутствие барышень, наговорил кучу неблагопристойностей, за что и был выведен под руки на улицу.

Вскоре после этого гости стали мало-помалу приготовляться к отъезду. Первыми дезертёрами оказались Семяничкины.

- Ну, прощайте, душенька Софья Ивановна, благодарствуйте за хлеб за соль, да смотрите же, не позабывайте нас... Ашинька, ты трубку не позабыла?

- Нет-с, маменька, она у меня.

- Ну, хорошо, а где же Владимир Макарович? Владимир Макарович!..

Но Владимир Макарович не откликался, в комнатах его не было. Стали искать. Перешарили решительно все комнаты; Семяничкина нет как нет. Фома Фомич бегал взад и вперед из гостиной в кухню, из кухни в гостиную, заглядывал даже под столы и диваны, Семяничкин все-таки не отыскивался. Все общество принимало живейшее участие в пропаже чиновника. Наталья Васильевна была в ужасном волнении; Анфиса и Ашинька плакали. Наконец Михаила Михайлович Желчный шепнул что-то на ухо Фоме Фомичу, а хозяин дома произнес, улыбнувшись:

- А вот я сию минуту приведу его, не беспокойтесь...

Вскоре явился он, держа за руку Владимира Макаровича, у которого были заспанные глаза и платье в чрезвычайном беспорядке.

- Ах, боже мой!- вскричала Наталья Васильевна, краснея,- где же он был? где?..

- Владимир Макарович... пошел... ну, да и заснул...

- Нет... я... так немножко-с... Я ничего-с... я ничего-с...

- Какова на дворе погодка?- спросил, улыбаясь, Михаила Михайлович у Семяничкина.

Все захохотали.

- Покорно благодарю-с... холодно...- пробормотал Владимир Макарович, робко озираясь во все стороны и не находя места, куда бы спрятаться.

- Прощайте же, Софья Ивановна,- сказала Наталья Васильевна.- Фома Фомич, мое почтение... вот я тебе задам после... дурачина!.. срамить меня здесь вздумал... погоди!..- продолжала она на ухо мужу в то время, как пробиралась с ним по коридору.

- Я ей-богу... Наталья Васильевна... ничего... так... только...

- Вот я тебе ничего... дай только приехать... прощайте, любезная Софья Ивановна... прощайте...

Фома Фомич взял в кухне свечку, чтоб проводить гостей, потому что, отыскивая в сенях Семяничкина, нашел огарки сгоревшими; вместо них на лестнице валялись одни только репы.

- Мое почтение, Наталья Васильевна...

- Прощайте, Фома Фомич... не простудитесь.

Владимир Макарович ничего не сказал, потому что был ни жив ни мертв в ожидании грозы, обещанной ему дражайшею его половиною.

Михаила Михайлович и Акула Герасимович не замедлили проститься с Крутобрюшковыми, и первый не переставал ругать наповал экзекутору всех и каждого во все продолжение дороги. Напрасно Фома Фомич уговаривал Силу Мамонтовича остаться еще на часочек и поиграть в преферанс, но и Сила Мамонтович последовал общему примеру и отказался от приглашения. Пока все общество занято было отъездом и хозяева дома находились в кухне, Дмитрий Алексеевич Волосков остановил Верочку у окна гостиной, твердо решившись на этот раз сделать ей формальное изъяснение в любви.

- Нет, вы меня теперь позабудете,- говорил он, переминая в руках шляпу.- Вера Фоминишна, вы не захотите даже и вспомнить...

- Ах, перестаньте...

- Нет, я никак не могу перестать... я... вы... вы построили на сердцах любящих вас людей... храм вечных мучений...

- Нет, напротив того-с... вы меня обижаете...

- Нет, Вера Фоминишна... я вас не могу, я не смею обижать... я всю жизнь желал бы остаться с вами... я теперь один... без вас я готов умереть...

- Я также одна останусь... и... когда вы уедете... радужных цветов будет очень мало...

Бог знает, до чего бы дошел диалог влюбленных, если б кума Арина Петровна не явилась в гостиную отыскивать Веру, с которою непременно хотела проститься. Молодой Волосков должен был поневоле расстаться с своей возлюбленной.

Не прошло четверти часа, как квартира Крутобрюшкова опустела; один только Иван Иванович Масляников никак не мог управиться с Ванюшею, который как-то после сна был вовсе не любезен и, невзирая на ласки и увещания Софьи Ивановны, безмилосердно тузил отца в правую щеку.

Все разошлись и разъехались с полными карманами и ридикюлями пересудов и весьма остроумных замечаний насчет бала и домочадцев Фомы Фомича Крутобрюшкова. Что ж делать! везде так водится: на том свет стоит.

Что же касается до Софьи Ивановны, то она, проговорив последнее сладенькое прощанье последнему гостю, за которым затворилась дверь, мгновенно переменила интонацию и накинулась на простодушную Савишну.

43

- Отличилась, родимая, срезала ты мою головушку!.. да с чего ты тогда одурела, болван! деревенщина ты этакая!..

Тут Софья Ивановна, начавшая было распекать кухарку с чувством оскорбленного достоинства, стала вдруг, как выражался ее муж, угощать ее такими отборными словами, что мы не решаемся передать их бумаге.

Савишна задремала, стоя перед своей барыней, и, прослушав наставление, чуть не повалилась от сна.

Сам Фома Фомич едва держался на ногах; впрочем, он еще довольно долго ходил по комнате; не совсем обыденные мысли мелькали в голове его. Фому Фомича мучил демон самолюбия и честолюбия. Он совершенно был уверен, что много выиграл своим балом. Одно то, что от пунштика перепились, чрезвычайно утешало его как хозяина. Он завтра же в департаменте, весьма ловко и скромно, в одушевленном месте своего рассказа о вчерашнем торжестве, мог вставить Вакх Онуфриевича, человека почтенного, но совершенно лишившегося благоразумного управления своими способностями от радушного угощения и хлебосольства хозяина. Таким образом, Фома Фомич, за двадцать рублей, мог прослыть хлебосолом, да наконец и то, что ящик из Италии достался советнику. "Это все кстати,- думал Крутобрюшков,- оно хоть и ничего на деле-то; может быть, ящик-то из Италии ему и совсем не нужен, может быть, завтра же пожертвует им в пользу Авдотьи Семеновны или другим каким образом распорядится, но все-таки этим ящиком я успел найти в человеке, угодить. Я умел забежать кстати; оно хорошо, оно пригодится; кстати забежать всегда пригодится..." И Фома Фомич заснул с мыслями о том, на что пригодится иногда забежать кстати.

С своей стороны, Софья Ивановна сначала думала о пунштике, потом мысль ее весьма постепенно перешла к лентам на чепце Натальи Васильевны и восьми фунтам телятины, замененным икрою; потом еще постепеннее перешли они к Ванюше, тузящему в правую щеку своего папеньку и новым башмакам Нади; далее занялась она дороговизною дров и полтинником, сданным ей когда-то каким-то купчиком недурной наружности, у которого был разодранный рукав... она долго и заботливо думала о кренделе кумушки Арины Петровны и, наконец, с удовольствием остановилась на дородстве Силы Мамонтовича...

Верочка долго мечтала о Волоскове; мысли ее также переходили в разные стороны, но, однако, все вертелись вокруг любимого предмета. Что ж касается до Любы и Нади, то они просто заснули. Вообще все три были очень довольны, что попрыгали.

Но Савишна была недовольна; во-первых, потому что Михайла Михайлович Желчный сказал ей, что она вчерашняя-давишня, тогда как всему свету известно, что она уже бабий век доживала; во-вторых, что сильно заругалась хозяйка.

Неизвестно, на чем еще бродили ее мысли; но достоверно известно в этой совершенно правдивой истории, что Савишна долго потягивалась, много зевала и несколько раз приподнималась на руке с кровати, чтобы прикрикнуть на голодную кошку, с каким-то остервенением глодавшую кость:

- Брысь! ты, окаянная!!.

ТЕАТРАЛЬНАЯ КАРЕТА

В старинные времена суфлер Иван Иванович спал, закутавшись в бараний тулуп, когда вошла к нему Прасковья Осиповна, у которой в продолжение одиннадцати лет нанимал он комнату с отоплением и прислугою. Посмотрев на сморщенную наружность своего жильца, она подошла к нему и, осторожно потрепав по плечу, сказала:

- Иван Иванович!.. А Иван Иванович!.. вставайте!..

Иван Иванович испустил маленькое мычание, открыл глаза и, направив их на свою хозяйку, спросил с беспокойством:

- Неужели карета, Прасковья Осиповна? как рано!.. Скажите, что сию минуту.

Нужно заметить, что Прасковья Осиповна входила в комнату жильца не иначе, как извещать его о прибытии кареты, и потому легко догадаться, каким образом Иван Иванович так верно мог определить причину ее появления.

Когда Прасковья Осиповна вышла, суфлер вскочил с дивана, набитого булыжником, и подбежал к окну, желая рассмотреть, кто именно сидел в карете; но едва успел он нагнуться, как тотчас же отскочил, бросился в противоположный угол комнаты и стал поспешно одеваться.

- Ах, ты, господи!.. там Яков Александрович!.. А я еще заставляю его дожидаться... Ну, вот, теперь будет... где же манишка?.. да, ну, теперь... Прасковья Осиповна, Прасков... я не стану пить чай, вы ничего не приготовили, и не надо...

И Иван Иванович опрометью кинулся вон из комнаты.

Когда он влез в карету, Яков Александрович, человек необыкновенно плотной наружности, и две сидевшие в карете толстые хористки так его распушили, что он мысленно соглашался пробежать десять раз пространство между Новыми местами и театром с тем, чтоб только избегнуть общества грозных этих спутников.

Но волею или неволею, надо было терпеть, потому что клячи, понукаемые кнутом кучера, опасавшегося опоздать на репетицию, несли карету во весь галоп.

Что может быть хуже должности суфлера? - в особенности оперного? Первый ли бас возьмет полутоном ниже до, примадонна ли собьется с такта, тенор ли не знает роли, - всему виноват суфлер; и всего хуже, что если хорошо суфлируешь, актеры недовольны, уверяя, что сами хорошо знают роль и им только мешаешь; замолчишь - еще хуже, даже те, которые без суфлера не в состоянии сказать одного слова, не только не дадут тебе покоя, но, напротив, более других на тебя сердятся.

Зная все это, Иван Иванович в конце каждого спектакля со стоическою твердостью выслушивал всевозможные упреки, входил в режиссерскую комнату и, набросив на плечи тощую шинелишку, спускался на подъезд, где, кряхтя от холода, дожидался, пока не посадят его в карету. Часто приходилось ему дожидаться весьма долго, потому что капельдинеры имели обыкновение сажать его в оборот, т. е. в карету, доставившую уже после спектакля артистов во всевозможные концы города и вернувшуюся для принятия новых пассажиров.

В продолжение двадцатилетней службы Иван Иванович так привык ко всем неприятностям суфлерской жизни, что не обращал на них ни малейшего внимания; такое равнодушие нельзя однако ж приписать одной привычке; характер старого суфлера также немало способствовал ему переносить горе. Он был застенчив до невероятности, и если б не провел половины жизни в суфлерской коробке, то бог знает, что могло бы с ним случиться.

Чтоб не приписали такое резкое суждение о застенчивости Ивана Ивановича пристрастию или желанию выказать его оригиналом, приведем маленький анекдот, случившийся с ним в первые годы театральной его службы.

Довольно пожилая хористка, вероятно, какая-нибудь покинутая Ариадна, неизвестно почему удостоила нашего героя благосклонным своим вниманием. Хотя и нельзя утверждать решительно, чтоб в то время Иван Иванович имел в себе что-нибудь очаровывающее, опять нельзя сказать и того, что он был совершенно дурен собою; одна разве лысинка (появившаяся еще с двадцатилетнего возраста неизвестно по какому случаю) придавала ему стариковский вид... ну, да нельзя же без недостатков: совершенства, как известно каждому, на этом свете не имеется. Итак, хористка эта стала его преследовать и в одну темную репетицию вытребовала от него свидание за театром, после спектакля. Такая упорная настойчивость со стороны дамы показалась сначала Ивану

Ивановичу весьма странною: "Да как же это она так... - думал он,- да как же?" - но потом махнул рукой и, лукаво улыбнувшись, дал себе слово явиться на назначенное свидание.

Однако, по мере приближения условленного часа, решимость суфлера уменьшалась более и более, и он, верно бы, отправился домой, если б мысль о данном слове не вынудила его остановиться.

Иван Иванович сошел с подъезда и очутился за театром; постояв минуты с две на одном месте, он вдруг повернул налево кругом и с быстротою ракеты достиг дома. Что произошло на другой день - неизвестно; достоверно только, что раздраженная хористка, простояв более часа на морозе (в тот вечер Реомюр показывал 22 градуса), подверглась насморку и сильному кашлю, а Иван Иванович хранил это происшествие как совершеннейшую тайну своей жизни, вероятно, из деликатного опасения компрометировать хористку, а может быть, и из желания избегнуть лишних насмешек.

Итак, это происшествие ясно доказывает, что суфлер был не из Ловеласов, а, напротив того, отличался необыкновенною застенчивостью. Кроме этого, он был трусливого десятка, не любил много разговаривать, в особенности с женщинами, хотя очень-очень приятно улыбался, когда перед его носом становилась хорошенькая ножка какой-нибудь молоденькой певицы.

Застенчивость его и еще кой-какие странности с присовокуплением смешной наружности сделали Ивана Ивановича, со дня вступления его в театр, предметом насмешек всевозможных; одним словом, бедный суфлер был souffre-douleur[8] всего оперного закулисного мира.

Каждое общество, каждый класс имеет своего пария и героя; нет заведения, школы, мастерской, где бы не было того и другого, и потому нечему удивляться, что закулисное общество находило неизъяснимое удовольствие терзать суфлера; уж так, верно, определено ему было судьбою, и нам остается только пожалеть о нем.

Бедняку в особенности доставалось на репетициях: то спускали его за фалды в суфлерскую коробку, то топали так сильно по сукну, разостланному по сцене, что поднявшаяся пыль заставляла его чихать без умолку, то, наконец (что всего более было неприятно суфлеру), распускали слухи, будто он влюблен и женится на какой-нибудь старой вдове.

Последней насмешки никогда не мог он выслушать со свойственным ему хладнокровием и, высунувшись из своей коробки, говорил вполголоса: "Помилуйте-с, помилуйте-с!.." Иван Иванович оказывал большое почтение Якову Александровичу, неизвестно по каким

---

[8] козел отпущения (фр.).

причинам, я, однако ж, предполагаю - не потому ли, что этот певец одарен был необыкновенной физическою силой (которую находил удовольствие доказывать поминутно на деле), тогда как другие довольствовались одними насмешками. Мне кажется теперь ясно, что суетливость суфлера при виде грозной фигуры в карете происходила не от чего другого, как от желания избегнуть лаконических изъяснений Якова Александровича.

Вскоре карета приехала, и репетиция началась.

- Послушай, Иван Иванович, ты просто глуп или слеп; это ни на что не похоже...

- Помилуйте-с...

- Да что тут миловать... Представьте себе, господа, вместо:

Зачем влачить повсюду
Ненужную посуду... -

что должен я петь, он подал мне черт знает что такое. Ну, вот, советую тебе еще раз сбить меня с такта... вот увидишь...- сказал Яков Александрович.

- Суфлер, ты слишком тихо подаешь; мне ничего не слыхать, - в свою очередь закричала примадонна, в досаде топая ногою.

- Иван Иванович! да что же вы остановились? суфлируйте же последний стих...

- Извините, Петр Петрович... ничего не видать... лампа...

- Да что, братец, лампа; суфлируй, и дело с концом!

Оркестр заиграл, и репетиция продолжалась.

Странная, необыкновенно странная перемена стала заметна в Иване Ивановиче. Как! он, державшийся так долго в театре исключительно за свою аккуратность и уменье подавать забытые актерами слова, начал так часто завираться? Непонятно! А между тем перемену эту приметили почти все, душевно радуясь, что нашли новый предлог к насмешкам.

Кроме этого, шутки в сторону, перемена эта причиняла ужасные беспорядки; например, когда Ивану Ивановичу случалось пропустить стих или вместо его сказать что-нибудь другое, - лицо его принимало такое странное выражение, он так смущался, что хористы, стоявшие на авансцене, не могли удержаться от смеха, тогда как должны были хранить важность жрецов или благородство рыцарей. Если б другой, а не Иван Иванович, делал такие промахи, то, может быть, на них не обратили бы внимания и все бы шло в должном порядке; но на него смотрели совсем иначе: все, что в другом показалось бы обыкновенным, как-то по привычке считалось в Иване Ивановиче оригинальным и достойным смеха. Все зависит от точки зрения, с которой мы смотрим или привыкли смотреть на человека.

Замечательно только, что перемена эта становилась ощутительнее со дня на день, повергая всех в совершенное недоумение: некоторые приписывали ее старости, другие перцовке и травнику (хотя Иван Иванович не брал в рот ни того, ни другого, скромно заменяя их чаем, да и то не всегда); третьи решительно утверждали, что он рехнулся, и поговаривали было сменить суфлера. Между тем причины, сдвинувшие его с рейльсов, по которым так исправно катил он свою службу, были совершенно другого рода.

Когда еще жизнь Ивана Ивановича тянулась так же, как песок древних стеклянных часов, когда безостановочно, плавно, хотя не совсем громко подавал он забытые актерами речи, в театр определилась на вторые роли молоденькая девушка, уже давно ожидавшая вакансии на это амплуа. Хотя перед ее дебютом и выставлено было крупными буквами на афише, что "госпожа такая-то в первый раз будет играть одну значительную роль", но появление ее не произвело на публику большого впечатления, исключая разве двух молодых людей, в желтых перчатках, с тщательно приглаженными волосами и стеклышком в глазу, которые тотчас после первой арии решили, что она весьма недурна собою. Дебютантка произвела гораздо больший эффект за кулисами; с первой репетиции ясно увидели, что она не может быть опасной соперницей и недостатки ее голоса и методы не замедлили ее сблизить с кругом артисток. Не имея больших претензий, она была совершенно довольна своею судьбою и мало-помалу стала привыкать к нравам и обычаям нового для нее мира.

Обладая добрым и чувствительным сердцем, одного только не могла она видеть без особенного негодования: это Ивана Ивановича, терзаемого на репетициях хористами, а главное, Яковом Александровичем, и потому решилась во что бы ни стало возбудить в них сострадание.

К счастью, все благоприятствовало этому.

Кроме приятной методы пения у Якова Александровича была другая, не менее приятная: ухаживать за всеми молоденькими артистками; а так как дебютантка была молода и, как выразились движимые беспристрастным чувством львы, весьма недурна собою, то не замедлила сделаться новым предметом исканий Якова Александровича.

Все шло как нельзя лучше. Яков Александрович был влюблен до безумия, и молодая певица решилась в первую же репетицию излить свои благодеяния на старого суфлера. Артисты и артистки съезжались для репетиции; кулисы мало-помалу оживлялись; на слабо освещенной сцене чинно сидели хористки и, ожидая начала, вязали чулок; хористы, неудостаиваемые их вниманием, задумчиво расхаживали по задней части театра, постукивая каблуками, унизанными полновесными гвоздями; два рыжие мужика тащили море, кряхтя и побраниваясь, и, казалось, нисколько не обращали внимания на сидевших поблизости дам; машинист спускал луну, Яков Александрович рассказывал с громким хохотом толпе сгруппировавшихся вокруг него хористов какой-то любопытный анекдот. В оркестре настраивали инструменты; сверху кричали полетные; вдруг толпа, слушавшая Якова Александровича, с криком ринулась навстречу маленькой фигурке с лысинкою на голове и в длиннополом сюртуке, только что вышедшей из-за кулисы.

- А! Иван Иванович! Иван Иванович! А! а!..- кричала толпа.

- Помилуйте-с!.. по... милуй... те-с... госпо... да...- говорил запыхавшись бедный суфлер; но его не слушали, и кто-то, добрая душа, уже предложил было спустить его за фалды в суфлерскую, как вдруг, посреди хохота, раздался нежный голос:

- Господа, сделайте милость, оставьте его, что он вам сделал, прошу вас оставить его!..

Хохот умолк, Иван Иванович кинулся за кулисы и, спустившись по черной лестнице под пол, забился в суфлерскую.

Долго бедняк не мог прийти в себя; поступок певицы был до того нов, что показался сначала ему насмешкою; но когда он убедился в противном, странное, неизъяснимое чувство овладело Иваном Ивановичем. Он, который в продолжение двадцати лет встречал только насмешки и упреки, не находя существа, которое приняло бы в нем участие,- и вдруг!.. о! нельзя выразить волнения старого суфлера: он готов был выскочить из суфлерской, броситься к ногам певицы, благодарить ее... Крупные слезы катились по щекам его; он не знал, не понимал, что с ним делалось: какая-то робость еще хуже прежней овладела им, когда, после репетиции, он спрятался в коридоре, чтоб поблагодарить за оказанное ему благодеяние.

Едва показалась она у дверей, как Иван Иванович сбежал с лестницы, твердо решившись подойти к ней на подъезде; но и тут робость, проклятая робость, сковала ему язык; смущение овладело им сильнее прежнего, и, не дожидаясь кареты, почти бегом отправился он домой. Можете себе представить изумление Прасковьи Осиповны, почтенной хозяйки Ивана Ивановича, когда она увидела своего жильца, являвшегося в продолжение одиннадцати лет чинно, в карете, и вообще как следует домой, теперь взволнованного и едва переводящего дух. Сначала ей пришло в голову, не напали ли на него воры; но потом она ясно увидела, что ошиблась, ибо шинель и шляпа, хотя и криво надетые, находились на обычном своем месте...

Вот с этих-то пор, не догадываясь о главной причине, и стали замечать перемену в старом суфлере, и хотя просьба молодой певицы произвела благодетельное действие, все-таки нередко доставалось ему за промахи,

50

которые обратили бы в старые годы жизнь Ивана Ивановича в настоящий ад. Но недолго суфлер пользовался покровительством молодой дебютантки...

Положение его сделалось чуть ли не хуже, чем было когда-нибудь. Яков Александрович (которого самолюбие было соразмерно физической его силе) возобновил свои преследования; хористы считали за необходимость вторить ему из страсти, общей всем лицам низшим, подражать высшим; одним словом, Ивану Ивановичу не давали покоя.

Хотя тягостно, все-таки Иван Иванович кое-как мог бы продолжать еще свои занятия, если б обстоятельство, ничтожное в сущности, не повело его к совершенной погибели.

Это было в туманный осенний вечер; мелкий дождь серебрил кровли и мостовую, и, несмотря на то, что было всего шесть часов, улицы почти опустели; кое-где мелькали зонтики, или извозчик тащился, погоняя лениво свою клячу, или, наконец, тянулась медленно театральная карета. Одна из этих карет остановилась у театрального подъезда; из нее выглянул Иван Иванович и, обратившись к огромной фигуре в гороховом сюртуке, сказал:

- Никифорыч!.. выпусти, пожалуйста... сделай милость...

- Да что тут выпускать! спектакля не будет сегодня... ишь ее заболела эта новая певица, так и спектакль отказали... повестку прислала... Ступай, Тарас, домой, - продолжал он, обращаясь к кучеру, - да как высадишь суфлера, так завези рапортичку... Ступай!..

- Ох! уж эти рапортички, - ворчал Тарас, погоняя лошадей, - развози да развози, только и знаешь!..

И карета потеряла из виду величественную фигуру Никифорыча, развалившуюся на скамейке, подобно фигуре Диогена в "Афинской школе" Рафаэля.

Так как часть города, где жил Иван Иванович, была весьма удалена от театра, то, пока он ехал, на улицах совершенно смерклось. Черные тучи облепили со всех сторон небо, и дождь крупною дробью посыпался на кровли, мостовую и редких пешеходцев, спешивших убраться восвояси.

Хотя и прошло много времени с той минуты, как покровительство, оказываемое молодою дебютанткою старому суфлеру, прекратилось, известие о ее болезни произвело на него какое-то тягостно грустное впечатление; забившись в угол кареты, он невольно стал припоминать обстоятельства, возбудившие в ней к нему сострадание; он не мог никак дать себе отчета в чувстве, которое тогда овладело им, и не понимал, как мог до сих пор не высказать ей своей благодарности. Мало-помалу мечты унесли его бог знает куда, бог знает какие только не приходили ему на ум мысли, то ясно рисуясь воображению, то тускло мелькая перед ним, как тени, несомые ветром.

То представлялся ему образ певицы, ласково кивающей головою, то ему чудилось, что он в своей суфлерской яме, где как-то невыносимо душно; в другой раз, как будто неизвестно почему вынудили его суфлировать сверху, где устроены машины, и вот уже взбирается он на самые перекладины, но вдруг нечаянно задевает за гром, оступается и падает с самого верха, тогда как гром, приведенный в движение его ногою, грохочет дико во весь театр; иногда мысли еще несообразнее тяготили его воображение; например, он как нельзя яснее видел, что его привязали к полету и что он летит на проволоке с амурами и сильфидами посреди картонных ярко размалеванных и освещенных облаков... вдруг откуда ни возьмись явилась Прасковья Осиповна и обливала его холодною водою... Долго еще грезилась бы ему подобная чепуха, если б голос Тараса, спустившегося с козел и стоящего перед открытыми дверцами кареты, не возвратил его к настоящему.

- Ну, Иван Иванович, выходите-ка, домой приехали.

Иван Иванович выглянул из кареты, и сколько ни озирался на все стороны, не примечал ни только дома, но и признака жизни; перед ним расстилалось бесконечное пространство, исчезавшее в темноте; далеко, далеко, точно в другом мире, мелькали как метеоры редкие огоньки, доказывавшие еще более отдаление этого места от всякого жилья.

Дождь шел ливнем.

- Да помилуй, Тарас, - простонал Иван Иванович,- какой же это дом? я ничего не вижу...

- Ну ж, как хотите, а я дальше не еду; ишь, их не везут, да и только; что хошь делай, дальше не поеду... вылезай!..

Иван Иванович знал, что противиться Тарасу было напрасно, и как ни было ему страшно, он вылез из кареты, которая, забрызгав его с ног до головы грязью, исчезла во мраке.

Бедный суфлер решительно не понимал, куда завез его Тарас; сначала он пустился вслед за каретой; но, видя ясно, что догнать ее не было возможности и что далее и далее уходил в грязь, решился остаться на месте, чтобы припомнить, куда следовало ему направиться, чтоб попасть домой. Он машинально поворотил налево и сделал уже несколько шагов, как подле него раздалась глухая трескотня и грубый голос произнес:

- Эй, поди с дороги, раздавлю!

Иван Иванович остановился и увидел огромную черную массу, шумно движущуюся в его сторону, между тем как голос, который, казалось, выходил из нее, продолжал:

- Черт знает, куда заехал! Не знаешь ли, как проехать на Новые места в Косой переулок?

- Я сам живу в этом переулке, - дрожащим голосом отвечал Иван

52

Иванович (кричать он никогда не мог; особенное ли устройство горла или излишняя робость, но слова вылетали из уст его тихо и не совсем ясно), - я сам живу там, но также не знаю, как туда попасть.

- Вот беда, - продолжал голос, - а мне надо отыскать там как можно скорее суфлера; сначала было отказали спектакль, а теперь снова приказано собирать в театр... Ох, беда!..

- Как! - почти вскрикнул Иван Иванович, - спектакль не отказан! Так вези, вези меня скорее; я сам суфлер... вези, пожалуйста, вези...

- Слава богу! кабы не встретить вас, было бы дело... Ну, ну, садитесь, садитесь...

Суфлер влез в карету и вскоре приехал в театр.

Поднявшись в уборную, он снял шинель, осторожно свернул ее и, повесив на крючок, сбирался поставить одну ногу на скамейку, чтоб очистить грязь, как вдруг крики "места! места!", означающие скорое поднятие занавеса, вынудили его как есть броситься на сцену. Пространство между кулисами и стеною было забито народом, и ему стоило многих усилий, чтобы пробраться в противоположный конец театра, где был устроен спуск в суфлерскую. Между тем занавес поднялся, оркестр гремел, хористы пели.

"Ну, ничего! - думал суфлер, получая порядочные толчки справа и слева, - ничего, по крайней мере не опоздал; первую-то половину первого акта они кой-как еще знают; разве тенор Петр Петрович оплошает, все врет, ни в зуб не знает роли, несмотря на шестидесятое представление..."

Такое невыгодное мнение о памяти первого тенора Иван Иванович заключил уже на лестнице, ведшей под пол. Усевшись в свои кресла, он развернул либретто и, открыв его на первом дуэте, стал глядеть на сцену.

- Э! ге! ге!..-произнес он почти вслух,- да что же это такое? Китайская декорация!.. этакого еще не бывало... да и кулисы не из этой оперы!..

Суфлер решительно не понимал, что происходило на сцене; каждый раз, как он подымал голову, взоры его были поражены необычайным явлением: то Петр Петрович после арии делал антраша, то у хориста, вместо маски, торчал на голове горшок, в другой раз, сколько ни протирал глаза, ясно видел, что вон та хористка была в огромных ботфортах и усах, - одним словом, на сцене происходила неимоверная чепуха, и он сбирался уже подняться наверх, чтоб спросить причину таких странностей, как на сцене появилась покровительница его, молодая певица.

Иван Иванович мгновенно опустился в свои кресла, покраснел чрезвычайно (голова его представилась тогда актерам огромным пионом, торчащим наместо суфлера); он перестал смотреть на сцену и, казалось, не обращал более внимания на китайскую декорацию, антраша Петра Петровича и усы хористки, хотя, право, было чему удивляться. Но каково было изумление Ивана Ивановича, когда в третьем действии певица

53

подошла к его коробке и бросила ему какую-то бумажку, сказав потихоньку: "Прочитайте!" Иван Иванович дрожащими руками развернул письмо. "Я вас люблю! - писала ему певица, - неужели вы этого не примечаете? ваша холодность убивает меня! Сегодня после спектакля ожидаю вас за театром, в своей карете... Не удивляйтесь тому, что происходит на сцене, все это проделки Якова Александровича, который уговорил даже машиниста заключить вас навсегда в гром; он решился погубить вас, но я спасу, спасу тебя, драгоценный Иван Иванович!.."

Иван Иванович схватил либретто и начал необыкновенно громко кричать все, что ни попадалось ему на глаза, нисколько не замечая, что врал ужасную чепуху и что действующие лица стояли в каком-то оцепенении... Колени его дрожали, голова горела, и, без сомнения, с ним сделалось бы дурно, если б голос Якова Александровича не привел его в чувство.

- Что это такое? - кричал первый бас над его головою... - долго ли вы станете врать? суфлируйте же, ну!..

Иван Иванович снова схватил либретто, но кроме радужных кружков, быстро вертящихся вместо букв, ничего не видел, и Яков Александрович вынужден был импровизировать.

Остальные действия смутно мелькнули мимо Ивана Ивановича; ему казалось, будто вся сцена, декорации и актеры перевернулись вверх ногами, и только когда занавес опустился в последний раз и зрители захлопали дверьми, спеша вон из залы, он очнулся. Выпрыгнув из своей коробки, сломя голову вбежал он в уборную и, накинув кое-как шинелишку, спустился на подъезд.

На подъезде никого уже не было - все разъехались.

Суфлер машинально сделал несколько шагов вперед и поворотил за угол, чтоб очутиться за театром, но почувствовал вдруг такую слабость в коленях, что едва устоял на ногах; хотя зима была еще далека и ночь была теплая, но Иван Иванович трясся всем телом, и зубы его щелкали, несмотря на все усилия держать челюсти как можно плотнее одну к другой. Он хотел повернуть назад, но в эту самую минуту ему послышался голос, призывавший его по имени; Иван Иванович обернулся и увидел шагах в десяти карету, которой темнота придавала фантастический образ.

Луна, прикрытая серыми облаками, плывущими по черному небу, как лед по широкой реке, осветила улицу, и суфлеру предстала певица, выглядывавшая из дверец. Во всю свою жизнь не испытывал бедняк такого страха; он чувствовал, как свалилась у него шинель, шляпа, как выпал из рук либретто; он хотел бежать, но ноги его не двигались с места, как бы приклеенные к мостовой крепким клеем.

- Иван Иванович!.. Иван Иванович!..- снова произнес нежный голос...

По какому-то странному чувству старый суфлер бросился к карете, открыл дверцы и стал влезать в нее; но, к величайшему изумлению своему, очутился на противоположной стороне экипажа; несколько раз возобновлял он осаду, и каждый раз, как удавалось ему вскочить в одни дверцы, он мгновенно вылетал в другие; неизвестно, скоро ли это кончилось бы, если бы певица не удержала его за руку и не усадила подле себя. Пот градом катился с лица суфлера, - он был в беспамятстве.

- Ну, вылезайте, что ли. Эй, г. суфлер, домой приехали. Чай, время было выспаться; больше часа ехали...- сказала грубым голосом певица, сжимая его в своих объятиях.

Иван Иванович открыл глаза. Тарас стоял перед открытыми дверцами и дергал его за руку; певицы в карете не было.

- Что глаза-то вытаращили? Говорят вам, домой приехали.

- Как!.. мы... помилуйте-с... Яков Александрович... карета... Тарас... мы приехали?..

- Да что вы? белены объелись, что ли? Не верите, так сами посмотрите. Вот и ворота ваши.

Но Иван Иванович оставался недвижим и ровно ничего не понимал из слов Тараса.

Так как дождь не переставал лить ливнем с той минуты, когда Тарас привез Ивана Ивановича в театр, где Никифорыч объявил, что спектакль отказали по болезни певицы, то, не имея особенного желания мокнуть лишнее время, он взял суфлера в охапку и вынес его из кареты.

Карета уже давно уехала, а Иван Иванович все еще оставался на одном месте.

Итак, это был сон!

Что, кажется, обыкновеннее сна, в особенности того, который представился суфлеру? Каждый из нас видел сны на веку не раз да еще несравненно позамысловатее; например, какому-нибудь сапожнику Шамбахеру чудилось, будто он играл на театре "Отелло"; подьячему с разодранными локтями, что он нашел на улице миллион; чиновнику четырнадцатого класса грезилась звезда, красиво пристегнутая к вицмундиру, и т. д. Все это гораздо несообразнее сна Ивана Ивановича, который и тут не выходил из своей сферы; а между тем сон этот произвел в нем сильное действие: он стал завираться еще более прежнего.

Сначала терпели, терпели, но потом, видя, что чем далее, тем хуже, и в особенности после того, как он раз перепутал целый речитатив, решили уволить его от должности.

Иван Иванович расстался таким образом с театром, унося горестное воспоминание, что люди, с которыми провел более двадцати лет, и тут не утерпели, чтоб не посмеяться над ним, и как бы радовались его несчастью. Прошел месяц, другой, третий; в театре ни слуху ни духу о старом суфлере; разве какой-нибудь весельчак-хорист, желая позабавить общество, рассказывал, будто Иван Иванович женился наконец на старой вдове: это известие возбуждало в слушателях громкий хохот, особенно, когда к этому присоединялись и другие неблагоприятные слухи об Иване Ивановиче.

Но могу вас уверить (если вы сколько-нибудь принимаете участие в судьбе Ивана Ивановича), что все эти рассказы сущая ложь, выдумки, не делающие чести изобретателям; действие злобы и зависти врагов его. С своей стороны, я сам не знаю, что случилось со старым суфлером после отставки от театра; впрочем, если верить слухам, Агафья Тихоновна, внучатая сестра Прасковьи Осиповны (у которой квартировал Иван Иванович), вышедшая замуж за какого-то хориста, рассказывая в домашнем кругу о Прасковье Осиповне, о смерти достопочтенной этой женщины, упомянула мимоходом и об Иване Ивановиче. Так как свидетельство Агафьи Тихоновны может почесться одним из самых беспристрастных, за неимением повода к противному (да и с какой бы стати ей выдумывать на старого суфлера?), то я принял его за достовернейшее.

Вот что рассказывала Агафья Тихоновна Заламаева:

- Только что поворотили они с гробом покойницы за Лиговку к Волкову полю, к процессии присоединился маленький человек в длиннополом сюртуке и разодранном картузе. Он знакомо кивнул головою ее мужу и весьма учтиво осведомился о здоровье самой Агафьи Тихоновны, тут только, удивленные сначала присутствием незнакомого человека в таком грустном семейном обстоятельстве, узнали они в нем Ивана Ивановича. Но, боже! как он изменился, сказывала Агафья Тихоновна: лысинка его расплылась во всю голову, щеки впали, морщин набежало еще более; платье его поистерлось, поизносилось, сам он весь сгорбился, согнулся, но всего страннее показалась им улыбка, беспрерывно кривившая засохшие губы суфлера. Со странным движением оборотился он сначала к старому своему знакомому хористу, попросил у него табаку и, понюхав в два или три приема, тут же признался ему, что почел бы себя совершенно счастливым, если б не злые люди, не козни врагов, преследующие его повсюду; но видите ли, продолжал он, приложив сухие губы свои к уху хориста: "Яков Александрович уговорил будочника выстроить в моем животе будку. Я это от всех скрываю, - прибавил Иван Иванович, - потому что, знаете ли, как-то совестно... согласитесь сами, что вместо того, чтоб подать в опере, что там следует, вдруг этот скверный будочник закричит..."

Но тут, уверяла Агафья Тихоновна, Иван Иванович таким неистовым голосом закричал "слушай!" над самым ухом изумленного мужа, что произвел общий соблазн во всех присутствующих. После этого суфлер раскланялся весьма учтиво и на повороте в переулок расстался с ними, долго еще грозя пальцем и нюхая табак!..

Вот все, что я мог узнать об Иване Ивановиче; может быть, я узнал бы несколько более, но разговор был как-то замят интересною материею о цене дров, говядины и тому подобных принадлежностей, необходимых в хозяйстве.

КАРЬЕРИСТ

Очерк

Я познакомился с ним в гимназии, где мы вместе учились. Тогда еще стал он обращать на себя внимание товарищей. Ничем не отличаясь, по-видимому, от других мальчиков, маленький Ягозин (так его звали) всегда, между тем, был отличаем начальниками. В конце первого года он так подружился с сыном директора, что был принят у последнего наравне с сыном, ставился даже в пример ему. Директорша была без памяти от маленького Ягозина.

Помню, раз, в начале лета, нескольких воспитанников взяли на дачу. Мы разбежались немедленно по лесу и начали объедаться земляникой. Ягозин не съел ягодки: тщательно выбирая кусточки с лучшими ягодами, он составил из них маленький букет, перевязал его красиво ниточкой и, тайно ускользнув от нас, вернулся на дачу и преподнес свой букет директорше; мы узнали об этом после, во время обеда, от самой начальницы.

Шестнадцати лет можно было его видеть в день именин директора сидящим за роялем рядом с его дочерью и разыгрывающим в четыре руки какую-то сонату, нарочно сочиненную для этого торжественного случая.

Откуда взялись вдруг музыкальные способности? Где выучился он играть? Где, наконец, нашел для этого время?... Все это оставалось совершенно покрыто мраком.

Вечером, в тот же день, во время бала, он танцевал с такою ловкостью, с таким юношеским увлечением вскрикивал: Les dames en avant, s'il vous plait, - что решительно обворожил всех присутствующих.

Мы перешли затем в университет и провели там с грехом пополам четыре года. Учились мы посредственно.

После выпускного экзамена все разбрелись в разные стороны: Ягозин остался в Петербурге и был немедленно кем-то определен на действительную службу.

Тут на некоторое время я потерял его из виду. Но прошло три-четыре года, я узнал - он сделался необходимым лицом у новой своей начальницы: состоял, должно быть, по особым поручениям. Мимо службы он занимал еще место секретаря двух дамских благотворительных комитетов: одного - "имеющего целью снабжение даровым мылом бедных трубочистов", другого - "по снабжению нюхательным табаком бедных слепых старух"; сверх того он управлял танцами чуть ли не на всех балах столицы.

Встретясь с ним в этот период его жизни, я выразил наивно удивление: каким образом ухитрился он, чтобы проникнуть так скоро в большой свет.

- Любезный друг! - возразил он, прищуриваясь и посматривая куда-то своими серыми глазками (что доказывало, что в эту минуту он вовсе обо мне не думал), - любезный друг! надо провинчиваться в люди, il faut se pousser au monde!... - прибавил он и быстро пустился догонять какого-то важного сановника, проходившего по другой стороне улицы.

Не знаю, в чем собственно заключались служебные обязанности Ягозина; я встречал его всюду, на всех пунктах, где только в урочный час показывается "высшее дворянство", как печаталось когда-то в афишах увеселительных садов: на Дворцовой набережной, на мостках Летнего сада, в соборах при торжественных молебствиях (больше, впрочем, на виду при выходе из церкви), в ложах театра во время антрактов, в креслах во время представления, на вечерах играющим вместе со старушками, на балах танцующим всегда в видной паре. Там имел он почтительный, какой-то наклоненный вид; здесь, во время танцев, лицо его отражало юношескую восторженность... подпрыгивая и перевертываясь с замечательною ловкостью, он и здесь, впрочем, в танцах, находил возможность придавать лицу что-то солидное, сдержанное и почтительное, когда проносился мимо особ существенного веса; словом, он был везде, поспевал всюду, являлся во всех видах, так что меня нимало бы не удивило, если б сказали, что, подобно знаменитому Пинетти, он в одну и ту же минуту выехал из всех застав Петербурга.

Его физическая подвижность, сама по себе уже весьма замечательная, была ничтожна перед способностью передвигаться нравственно.

Действует ли так сырой климат Петербурга, или скрываются другие, более сложные причины, но вы заметили, вероятно, что в большинстве петербургских жителей присутствует что-то разварное и раскислое, преобладает какая-то расслабленность и черносливность, хотя тут же надо сказать - и вы, вероятно, также это заметили - свойства эти нисколько не мешают служить с успехом и приносить пользу себе и отечеству.

Несмотря на то, что Ягозин был кровным детищем Петербурга, дышал со дня рождения воздухом Невского проспекта и сосал молоко охтенской кормилицы, он весь тем не менее состоял из одной быстроты и юркости. Встречаются иногда немцы такого темперамента, - особенно часто между берлинскими маклерами, комиссионерами всякого рода и старшими кельнерами: приземистые, белокурые, с беловатыми ресницами на красной коже, а между тем так вот и прыгают, как стрекозы, готовые, кажется, вскочить в зрачки, прежде чем вско-чут вам в карман.

Против таких немцев Ягозин тем отличался, что мог сдерживать свою юркость по желанию; в крайних случаях мог даже сосредоточить ее в своих серых, чисто уже славянских глазах; они выражали тогда попеременно все, что подходило к случаю: юношескую, почти детскую откровенность, понимание самого тонкого, неуловимого намека, беспредельное повиновение, преданность, восторженное благоговение перед старшими, стремительное желание исполнить трудное поручение... Но всего не перечесть, что могли выражать глаза Ягозина. Он, конечно, много над собою работал, чтобы приобрести такие способности; но надо быть справедливым: много также дано было ему самой природой.

Быстрое повышение Ягозина удивляло многих; меня удивляло другое: я не понимал, когда находил он время для исполнения служебных обязанностей. Оставив скоро за собою всех своих товарищей по службе, он, помнится, тогда еще составил себе репутацию молодого человека с большим тактом и замечательными практическими способностями. Лица, которые приписывали его успехи одной юркости, которые называли его "Петербургским Леотаром, с тою разницей, что Леотар упражнялся в цирке и надо было тратить деньги, чтобы его видеть, тогда как Ягозиным можно было любоваться всюду и притом даром" - такие лица, я уверен, говорили только из зависти.

Прошло еще три-четыре года. Ягозин занимал уже видное место при одной высокопоставленной особе Форма службы Ягозина нисколько не изменилась; он и прежде, заметьте, не столько служил собственно, как делали его товарищи, сколько всегда состоял при ком-нибудь и всегда скорее в качестве приближенного, домашнего человека, чем чиновника.

Но здесь, главным образом, отражалось на Ягозине высокое влиятельное положение его начальника.

- И вот, - говорил Ягозин при каждом новом повышении, - и говорил всегда голосом невинности, с оттенком чего-то скорбного против людского недоброжелательства, - вот непременно скажут, что я тут интриговал, добивался!... А я... я и не знал даже! Все это вышло совершенно случайно; я тут столько же виноват, сколько... сколько какой-нибудь Воскресенский мост...

Раз как-то, в этот самый период его карьеры, отправил я к нему общего нашего товарища по университету, человека в высшей степени смиренного, хотя и вышедшего из университета первым кандидатом с золотой медалью; но протекции у него не было, он попал с первого шага на службу в провинцию, и там, как это нередко случается, завяз и засорился. Обстоятельства заставили его искать места в Петербурге. Определение зависело от начальника Ягозина, то есть как зависело: сказать слово - и дело сделано. Я советовал ему обратиться прежде к Ягозину: и тозарищ детства, и человек влиятельный.

- Ну, что? - спросил я, когда он вернулся ко мае на другой день.

- Сомневаюсь в успехе! - отвечал он, тяжело опускаясь в кресло.

- Как? отчего?...

- Начать с того, я, кажется, попал не вовремя. Хотя Ягозин принял меня ласково, но я не мог не заметить в его приеме присутствие чего-то... Точно его обеспокоили... Его, вероятно, ждали, или он ждал кого-нибудь, или просто был очень занят, как все здесь у вас в Петербурге, и я помешал ему... Он обещал, однако ж. Но все это вообще было как-то странно... очень странна!... - прибавил товарищ, заботливо пожимая губами

- Что ж он сказал?

- Стали мы уже прощаться, он и говорит мне: "Я, любезный друг, скажу тебе откровенно, как старому товарищу; ты, пожалуйста, не сердись... Но есть такое обстоятельство. Оно, если хочешь, ничтожно, но все-таки оно не соьсем ладно... Оно может, при твоем представлении, неблагоприятно повлиять на начальника...

- Что ж такое?... - спрашиваю.

- Ты знаешь, - говорит он, - в этих случаях весьма важно первое впечатление... Откровенно скажу тебе: боюсь за твой рост...

Я удивился.

- Как - рост? - спрашиваю.

- Да, любезный друг, должен предупредить тебя: он, то есть начальник, имеет предубеждение против людей высокого роста... Что ж делать! у этих лиц есть также свои слабости. Потом, говорит, есть еще другое обстоятельство...

- Что? - спрашиваю.

- Да вот, говорит, этот бас...

- Какой бас? - спрашиваю, ничего уже не понимая.

- У тебя, - говорит, - такой густой бас; этого он также не выносит; громкий голос действует на него раздражительно. Оно, если хочешь, весьма понятно; сам посуди: с утра до вечера комитеты, аудиенции, заседания, совещания, доклады, представления... поневоле нервы раздражатся!... но, пожалуй, и это бы еще ничего, если бы...

- Разве еще что? Боже мой!... - спрашиваю.

- Извини, прошу тебя, - говорит он, - но надо смотреть на вещи настоящим образом; у всякого человека есть свои слабости... ну, а этим лицам они и подавно извинительны. Я желаю тебе добра, и потому только решаюсь предупредить тебя: я заметил, когда ты начинаешь объясняться, ты поминутно делаешь нервные движения, дергаешь головою и даже махаешь руками...

- Да, говорю, правда... ну, так что ж?...

- Ничего, решительно ничего, - поспешно возразил Ягозин, - только вот этого-то он особенно не выносит... Состоя, понимаешь, темперамента сырого, он любит прежде всего спокойствие. Предупреждаю тебя: когда будешь ему представляться, - войди тихо; не начинай говорить, прежде чем тебя не спросят; спросят - отвечай, понижая голос насколько возможно; отвечай кор сжато; словом, говори как можно меньше; больше слушай и старайся стоять спокойнее, даже, если можешь, с опущенными глазами... Что ж делать! - говорит, и тут начал похлопывать меня по плечу. - Что ж делать, не нам, - говорит, - переделывать свет; надо, братец, - говорит, - жить со светом!..."

- Сомневаюсь в успехе! - заключил товарищ.

И действительно, он был прав. Ему не удалось даже представиться; с того самого дня не было даже возможности добиться вторичного свидания с Ягозиным.

Вскоре весь служебный люд столицы заговорил о новом назначении Ягозина.

Рассматривая это назначение с точки зрения обыкновенной логики, оно по своей специальности не имело ничего общего с прежней служебной деятельностью Ягозина, диаметрально даже с нею расходилось. Но здесь руководством служили другие, более основательные соображения: прежде всего здесь нужен был человек надежный, верный и преданный. К тому же лицо, занимавшее прежде место, давно надоело, прискучило; в его управлении найдены были некоторые запущения; говорилось даже о злоупотреблениях. Лицо это, конечно, было немедленно повышено, ему дали аренду, оставили полный оклад прежнего содержания и перевели в другое ведомство. Ягозин занял его место.

Со свойственною ему ловкостью он окружил себя специалистами, и здесь точно так же - благодаря своим помощникам - не замедлил обратить на себя внимание начальства.

Два года спустя, вспомнив обо мне случайно, он пригласил меня к себе на свадьбу: он женился на свояченице нового своего начальника, девице красивой и богатой, но имевшей несчастье обставить себя в глазах света какой-то таинственной, романтической историей.

Ягозин, переехав в дом жены, отделал его с большим вкусом и начал давать обеды, получившие в скором времени известность.

Мимо гастрономических качеств и редкости вин, обеды эти отличались еще внимательным подбором гостей, в силу тех приятных и полезных отношений, которые могли последовать как для гостей, так и для хозяина дома.

Если вы были нужны Ягозину, вы непременно встретили бы у него за обедом только тех лиц, которые, по его соображениям, были вам нужны или приятны особенным образом. Если бы вовсе не были нужны хозяину или даже были ему неприятны, но, по соображениям его, могли доставить удовольствие лицу, которое было ему нужно, вы также непременно приглашались.

В Петербурге, где каждому более или менее всегда что-нибудь очень нужно, все ездили на обеды Ягозина с большим увлечением. Выходя от пего, часто бранили его с таким же увлечением, находя, например, что он ничего не больше, как выскочка, и спаржа его несравненно тоньше, чем вчера у княгини Зинзивеевой; но Ягозин приобрел с летами философскую складку ума и мало обращал внимания на такие мелкие пересуды. Заметив успех своих обедов, он сделался строже в выборе своих гостей; разумеется, это только прибавило к числу желающих получить приглашение.

В этот период времени Ягозин уже давно перестал танцевать; юркость была в нем все та же, несмотря на некоторую округленность живота; но она скорее перешла и установилась в его нравственной природе. К тому же танцы не шли уже к звезде, камергерскому ключу и ленте, которую, со свойственным ему тактом, носил он скромно под жилетом. В свете отдавался он висту; на балах предпочитал беседу, умея ее разнообразить до виртуозности; он мог начать с игривого скабрезного анекдота, перейти к глубокому в практическом смысле замечанию и кончить даже поэтическою мыслью. Все зависело от собеседника.

- М-г Ягозин, - сказала ему на бале подле меня графиня Ливенская, указывая на вальсирующую молодежь, - что вы на это скажете?...

- Да, графиня, - возразил он, подавляя вздох и с чувством расслабленной нежности в голосе, - да, и мы когда-то с вами так танцевали; теперь смотрю и восхищаюсь этой маленькой волшебницей, которую зовут вашей дочкой...

- Vous eles toujours charmant! - проговорила старая графиня, думая сейчас же пригласить Ягозина присесть на видное место и приступить с умным человеком к приятной беседе. Но умный человек быстро юркнул в толпу, гибко, как вьюн, скользнул между тесными рядами зрителей, - и вдруг... вдруг остановился, придав своему лицу выражение смиренной кротости и глубокого благоговения... Я посмотрел в ту сторону: из дверей выступала сановитая, влиятельная особа...

Таким видел я Ягозина в последний раз перед моим отъездом из Петербурга.

БОБЫЛЬ

Суд наедет, отвечай-ка,
С ним я век не разберусь!
А. Пушкин

Темная осенняя ночь давным-давно окутала сельцо Комково. Погода стояла бурная, ненастная; мелкий дождь падал пополам с снегом; холодный ветер гудел протяжно в отдаленных полях и равнинах... Но буря, слякоть и темнота нимало не вредили приходскому празднику в сельце Комкове, и гулянка, которой год целый ждали обыватели, была в полном своем разгаре. На улице толпилась тьма народу. Со всех сторон слышались нестройные песни, восклицания, говор, хохот; правда, время от времени их заглушал суровый голос бури, которая с ревом и свистом пробегала по обвалившимся плетням и лачугам, но тем не менее песни и крики раздавались громче и громче, когда ветер проносился мимо и буря на минуту стихала. Почти в каждой избушке светились огоньки, и длинная нить их, отражавшаяся багровыми полосами в лужах, давала знать, что и внутри домов точно так же продолжалась пирушка. Словом, жители Комкова веселились и гуляли на славу.

Но тогда как веселье так единодушно обнаруживалось с одного конца деревни до другого, в доме самой помещицы было что-то особенно спокойно и тихо. Распутица ли помешала соседям съезжаться по обыкновению к Марье Петровне, ненастье ли или другое что, а только она сидела этот раз почти без гостей. Общество составляли всего-навсего - бедная вдова, поручица Степанида Артемьевна, проживавшая в доме третий год в качестве "приживалки", и еще ближайшая соседка Марьи Петровны, Софья Ивановна, или просто "Иваниха", как называли ее крестьяне. Все три дамы расположились в небольшой уютной комнатке, выходившей на улицу.

В углу, подле незавешенного окна, сидела особнячком Степанида

Артемьевна и вязала чулок; против нее на столике стояло все нужное для чаю. Огромный неуклюжий самовар из красной меди, занимавший чуть ли не половину стола, пыхтел и отдувался, как толстяк, обремененный тяжкою ношей, в знойное время; из него валили, клубясь и журча, густые струи серого пара, то направляясь на соседнее окно и обдавая его крупными каплями, то вдруг обращаясь косою полосой на сальный огарок,, находившийся тут же, между чайником и чашками.

При таком неожиданном нападении со стороны соседа огарок бросал еще более сомнительный свет на пору-чицу, женщину с наружностью жесткой и деревянной, одетую, как вообще все вдовствующие поручицы-приживалки, в глубокий траур. Другие две дамы сидели поодаль от окна, у лежанки. Красное пламя жарко топившейся печки не только позволяло различать их лица, но даже обозначало на стене длинные, угловатые профили собеседниц. Одна из них, хозяйка дома, была подслеповатая маленькая старушонка, с лицом кротким и добродушным, напоминавшим скорее, однако ж, безответную простоту, чем первые два качества. На ней был черный поношенный платок, черный ситцевый капот с белыми крапинами и жиденький чепец с темными лентами, находившимися постоянно в каком-то лихорадочном состоянии, вопреки неподвижности самой владелицы; это происходило оттого, что головка старухи, и без того уже слабая, приняла дурную привычку трястись с тех пор, как раз ночью испугали Марью Петровну, объявив ей, что в Комкове загорелась баня. Наружность Софьи Ивановны представляла самую резкую противоположность с наружностью ее соседки. Ясно, что эти крутые багровые щеки, готовые лопнуть каждую минуту вместе с серыми глазами навыкате, этот узенький лоб, сплюснутый нос и темные волосы без проседи, несмотря на пятидесятый год, могли только принадлежать бойкой и энергичной женщине. Все три дамы хранили глубокое молчание. Тишина в комнате прерывалась лишь треском и щельканьем печки, метавшей на пол искры, и писклявым напевом самовара, которому вторило иногда недовольное ворчанье собачонки, лежавшей на диване, за спиной помещицы. Извне слышался отдаленный гул толпы, бродившей по улице; время от времени гул этот как будто приближался и, смешавшись внезапно с свирепым завыванием ветра и шумом дождя, посылаемого в окна, производил такой грохот, что даже канарейка, сидевшая нахохлившись в клетке над головою поручи-цы, вздрагивала, высовывала из-под крылышка голову и начинала отряхиваться.

- Цыц, Розка, - говорила тогда Марья Петровна, обращаясь к собачке, которая принималась неистово лаять, - цыц! Господи благослови, - продолжала она, - с ума они сошли, что ли? того и смотри деревню сожгут... Степанида Артемьевна, посмотрите, матушка, в окно, уж не случилось ли чего?...

64

Тут Марья Петровна поворачивала с беспокойством худощавое лицо свое к окошку и крестилась с особенною выдержкою.

- Не видно ничего-с, - отвечала приживалка, обтирая рукою мутное стекло, - все окно доверху занесло снегом-с.

- Эх, матушка, Марья Петровна, охота же вам, право, допускать такие буйства, - произнесла Софья Ивановна грубым голосом, соответствовавшим как нельзя лучше ее дубовой наружности, - смотрите, когда-нибудь наживете себе беду с вашей добротой; уж когда-нибудь да сожгут вам ваше Комково ваши же мужики!...

- Пресвятая богородица, божья матерь, святой Сергий-угодник... ох!... моя Анюточка-покойница (царство ей небесное!) к нему прикладывалась... - простонала жалобно хозяйка, возводя очи к потолку и принимаясь снова креститься.

- Да, конечно, сожгут вам деревню, - продолжала соседка, - если станете попускать такие буйства и бесчинства; время же стоит почти всякий раз в этот день, как нарочно, ветреное; разумеется, дело осеннее, долго ли до беды!

- Ох! да что ж мне делать-то с ними, Софья Ивановна?...

- Как что делать, матушка? вот славно! Да кто же здесь госпожа? Сказали: не хочу, не сметь, мол, вам буйствовать! да и постращать хорошенько, вот и будет все в порядке; а то, право, долго ли этак до греха... слышите сами, какой ветер?., слышите?...

Софья Ивановна наклонила набок голову, Марья Петровна и поручица последовали ее примеру.

Пронзительный ветер люто завывал вокруг всего дома, потрясая ставни и выступы; дождь стучал неумолимо, то глухо ниспадая на кровлю, то барабаня по окнам.

- Ох, сколько, я думаю, Софья Ивановна, бездомных-то сироточек идут теперь по миру в такую-то погодушку, - промолвила после молчка Марья Петровна, - и пристанища-то у них, бедненьких нету...

- А вам бы их небось всех к себе заманить хотелось? Много их, матушка Марья Петровна, - на всех богадельни в вашем Комкове не построишь, да и капиталу-то недостанет. Знаете ли, чем нам об эвтом сумлеваться, погадайте-ка лучше опять в карточки...

Слова эти произвели магическое действие на старушку; лицо ее, обыкновенно безжизненное, осмыслилось вдруг выражением живейшего участия; даже что-то вроде улыбки показалось на иссохших губах ее. Нужно заметить, что она слыла во всем околотке мастерицею гадать в карты, и в этом сосредоточивалась вся деятельность, все самолюбие доброй Марьи Петровны. Она с самодовольною улыбочкой взяла со стола замасленную колоду, стасовала ее и, тряхнув быстрее обыкновенного

65

головкой, сказала поручице: - Степанида Артемьевна, поставьте-ка, голубушка, к нам огарок да присядьте сами сюда.

Приживалка зажгла, однако же, другую свечку, поставила ее перед помещицею и, не отвечая ни слова, уселась на прежнее свое место. Профили старух еще значительнее вытянулись и расширились на стене: голова Софьи Ивановны приняла вид исполинской тыквы; нос Марьи Петровны вытянулся и заострился так немилосердно, что досягнул до чайного стола, так что при малейшем движении пламени, казалось, он клевал прямо в сахарницу, а иногда зацеплял даже за чепец поручицы, принявшейся снова за свой чулок.

- Вам, Софья Ивановна, я знаю, верно, на червонную даму... вы всегда на нее загадываете? - спросила старушка, утвердительно кивая головою.

- Ну, хорошо, ставьте хоть на червонную, - отвечала та, придвигаясь ближе.

- Уж как хорошо выходит, - говорила помещица, между тем как худощавые ее пальцы так вот и бегали по столу, - уж как хорошо... интерес, да, от трефового короля получите большой интерес... постойте, что это? Да, - продолжала она, задумчиво потирая лоб, - препятствует какая-то белокурая дама, довольно пожилая...

- Гм! белокурая! кто же, однако ж?... ну, что же еще?

- Письмо получите из дальней дороги, вести, вот видите ли, дорога?., постойте... вот тут как будто болезнь, но небольшая, так, простуда какая-нибудь легонькая... но вообще все очень, очень хорошо; интерес, большой интерес от трефового короля получите...

- Марья Петровна, Софья Ивановна, - перебила сухо поручица, - не будете больше кушать чаю? я прикажу снести самовар...

- Погодите, Степанида Артемьевна, может, Софье Ивановне угодно будет выкушать еще чашечку...

- Нет, матушка, благодарствуйте, я уж и так по горлышко... больше не могу...

В эту самую минуту на улице раздался такой неистовый грохот, что все три дамы разом вздрогнули. Почти в то же время подле окна, где сидела приживалка, послышался протяжный вой собаки; он начался тихо, но потом, по мере возвращавшейся тишины, вой этот поднялся громче и громче, пока наконец не замер с последним завыванием ветра. Собачка, лежавшая на диване, на этот раз не удовольствовалась ворчаньем: она проворно спрыгнула наземь, вскочила на окно и принялась визжать и лаять, царапая стекла как бешеная.

- Цыц, Розка! цыц, Розка! - болезненно простонала испуганная Марья Петровна, - ох! что это в самом деле? слышите, душенька Софья Ивановна, как на дворе собака-то воет, и ведь не в первый раз, уж не к покойнику ли?...

- Ну вот еще, - возразила ее собеседница, - у вас все на уме такое... просто воет себе собака.

- Ох, - начала снова Марья Петровна, крестясь и возводя очи к потолку, - божья матерь, святой Сергий-угодник, моя Анюточка-покойница (царство ей небесное!) к нему прикладывалась... Степанида Артемьевна, да отгоните же Розку, ишь как она мечется, того и смотри окно прошибет.

Поручица бросила с сердцем чулок, крикнула на собачонку и, бормоча что-то сквозь зубы, вышла вон. Минуту спустя в комнатку вошла высокая рябоватая белобрысая девка; она подошла к самовару и стала убирать чашки.

- Палашка, - сказала помещица, - какая у вас там собака воет? весь вечер покою не дает...

- Змейка, сударыня, - отвечала Палашка, глядя исподлобья, - у ней щенят вечор покидали в реку... так, должно быть, и воет... Мы ее отгоняли от крыльца, да никак не сладишь с проклятой-с.

- Ох уж мне эта собака! Представьте, какой случай с ней был нынешним летом: взбесилась да Фетиске, кучерову сыну, всю икру искусала... уж как же она меня тогда напугала, сказать вам не могу...

- Чем же вы его вылечили, Марья Петровна?

- Обыкновенно чем, всегдашнее мое средство: сначала мышьяком присыпала... а потом давала ему пить по три раза в день подорожникова листочка...

- Напрасно вы это делали, только лишняя потрата вам... Если хотите, я вам скажу другое средство... и гораздо дешевле; мне передала его по секрету одна дама... да я, уж так и быть, не утаю от вас, для милого дружка и сережка из ушка... вы же много больных лечите, вам оно пригодится.

- Ах, матушка Софья Ивановна, уж как же вы меня много обяжете... вы не поверите, сколько мне стоят эти лекарства; поверите ли, ведь из чужих деревень приходят; разумеется, больной принесет из благодарности то яичек, то рыбки, то медку, да господь с ними, я ведь ничего не беру, народ бедный, а денежки-то всё идут да идут...

- Вот то-то и есть, - перебила соседка, - слушайте же, что я вам скажу. - Тут она придвинулась еще ближе и примолвила с таинственным видом: - Как у вас придется еще такой случай: укусит кого-нибудь бешеная собака, вы возьмите просто корку хлеба, так-таки просто-напросто корку хлеба, напишите на ней чернилами или все равно, чем хотите, три слова: Озия, Азия и Ельзозия", да и дайте больному-то съесть эту корку-то: все как рукой снимет.

- Неужели правда? - воскликнула помещица, всплеснув руками.

- Да вот как, - отвечала скороговоркою Софья Ивановна, - та, которая передала мне этот секрет, сказывала, что пятерых сряду вылечила этим средством.

- А, матушка, как же я вам благодарна; сами знаете, мышьяк дорого стоит, да еще и не скоро достанешь его... уж так-то я вам благодарна, так благодарна...

- Очень рада, Марья Петровна, очень рада... ну, так как долг платежом красен, говорят добрые люди, и у меня также найдется к вам просьбица...

- Что такое?...

- Вот что: вы картофель нынче сеяли?

- Сеяла, Софья Ивановна, и такой-то крупный уродился, благодарение царю небесному...

- В таком случае попрошу я у вас без зазрения совести, просто без зазрения совести, мерочку на мою долю: я не сеяла.

Софья Ивановна проговорила все это с той приятной шутливостью, под видом которой люди, думающие бить наверняка, делают самые нахальные просьбы. Помещица с радостью изъявила готовность пособить горю соседки.

- Экая память, право, у меня, - вымолвила она после минуты раздумья, - вот ведь я уж и забыла, что вы мне сказали... что, бишь, писать-то надо такое... зо... за... за... как, бишь, это?...

- Азия-с, Озия-с и Ельзозия-с, - отвечала соседка наилюбезнейшим образом, - да вам бы лучше записать на бумажке...

- Да, да, и то правда... Степанида Артемьевна, - сказала она входившей в это время поручице, - дайте. Матушка, чернильницу и календарь...

Исполнив просьбу, приживалка сердито сняла со свечки, пошевелила узенькими своими губами и села к окну. Помещица записала рецепт и, как бы утомленная такою продолжительною работой, прислонилась к спинке дивана. В маленькой комнатке вновь воцарилось глубокое молчание, прерываемое по-прежнему ворчаньем Розки, шумом бури, а иногда песнями и криками гулявших комковцев.

Минут двадцать спустя в комнату вошла рябая Палашка, сопровождаемая скотницей Феклой. Последняя выступила с озабоченным видом вперед и, поклонившись барыне в пояс, возвестила, что пришел какой-то старик на скотный двор, пришел да и сел на порог, стонет да охает да госпожу видеть просит.

- Уж так плох, матушка-барыня, так плох, - присовокупила скотница, качая головою, - лица на нем, сударыня, нетути; и ничего-то не молвит, только что охает, так-то охает, что беда-с; больно хил, сударыня; побоялась я оставить его до завтра, народу в избе нет, на праздник ушли... я и пришла доложить вашей милости...

- Пресвятая богородица, заступница наша! - произнесла после тяжкого вздоха помещица, - ох, должно быть, больной какой-нибудь, бедняжушка! Сейчас, Фекла, сейчас иду, подожди меня в "аптеке"...

- Что это вы, Марья Петровна, - воскликнула Софья Ивановна, удерживая ее за руку, - уж не хотите ли идти в такую пору, в такое ненастье на скотный двор? помилуйте, Христос с вами! что вы делаете?...

- Нет, отпустите меня, душенька Софья Ивановна, - возразила старушка, - у меня и сердце не на месте...

- Так вот нет же, не отпущу.

- Нет, отпустите, душенька, право, сердце не на месте; пойду погляжу... может, помощь нужна скорая...

- Ну, вот, уж и скорая - да не умрет, не бойтесь; должно быть, у вас же на деревне употчевали его, дело праздничное, вот и все тут...

- Нет, все равно, душенька Софья Ивановна, а я пойду к нему, все спокойнее на сердце-то будет.

Сказав это, старушка поспешно вступила в комнату еще меньшего размера, увешанную с потолка до полу пучочками сушившихся трав. Тут также находился старинный, вычурный шкап; сквозь стекла его можно было различить легионы пузырьков, баночек, скляночек и ярлыков - это была "аптека" помещицы. Марья Петровна немедля натащила на ноги теплые валенки, закуталась

в старый салоп на заячьем меху, намотала на шею платок и, сопровождаемая Феклою, державшею фонарь, отправилась на скотный двор.

- Сюда, сюда-с пожалуйте, матушка-барыня, - твердила Фекла, поддерживая одною рукою барыню, другою освещая ей дорогу, - не оступитесь, матушка-барыня, извольте вот сюда пожаловать, ишь лужи какие...

- Святой Сергий-угодник, - твердила жалобно Марья Петровна, шлепая по грязи, - ох! чуть было не оступилась...

- С нами все святые! - присовокупила скотница, удваивая старания, - долго ли до беды... ишь, ветер какой, так с ног вот и ломит... да снег-то глаза залепляет... пожалуйте сюда-с... здесь будет посуше...

Вскоре своротили они за дом. Скотница направила фонарь прямо по долони через длинный барский двор, и обе пустились по этому направлению.

С улицы все еще слышались крики и песни неугомонных комковцев" там и сям за заборами, сквозь темноту мерцали огоньки, показывавшие, что пирушка и не думала умолкать.

Наконец Фекла подвела свою госпожу к скотному двору - мрачной избе, обнесенной с трех сторон навесами. Посоветовав Марье Петровне не трогаться с места, чтобы не быть вымоченной дождем, шумно ниспадавшим с навесов, баба уставила фонарь в грязь и приблизилась к

69

зданию; тут она неожиданно загремела щеколдой, отворила узенькую дверцу, снова подняла фонарь и осторожно ввела барыню в большие черные сени, где вместо пола служила твердо убитая земля.

- Не оступитесь, матушка-барыня, - говорила Фекла, - он тут того и смотри где-нибудь. да на полу валяется; как пошла-то я к вашей милости, лежал он на пороге...

В сенях, однако ж, никого не было, и помещица, ступая осторожно в багровом кругу света, бросаемого фонарем, вошла в избу. Совершенная тишина царствовала повсюду; в избе было темно, хоть глаз выколи; острый запах дыма свидетельствовал, что лучина незадолго угасла. Когда фонарь осветил жилище Феклы, взоры помещицы встретили прежде всего одни голые бревенчатые стены и угол закопченной высокой печки; но потом, когда она обратила глаза назад, ей представилась в тени чья-то фигура, полулежачая, полусидячая на полу, покрытом редкой соломой.

- Посвети поближе, Фекла, - вымолвила смущенным голосом помещица, принимаясь креститься под салопом.

Фекла вынула из фонаря оплывшую свечку и поднесла ее почти к самому полу. Марья Петровна явственно увидела тогда при желтоватом, трепетном свете огарка длинный, костлявый образ старика лет восьмидесяти. Продолговатое, правильное лицо его, обрамленное реденькими сероватыми волосами, мягкими как пух, склонялось на узенькую сухощавую грудь, еле-еле прикрытую дырявой рубахой, из которой выглядывали также тщедушные плечи и локти. Рубашка была мокра до последней ниточки; казалось, все члены старика съеживались под ней как осенние листья, прохваченные морозом. Черная тень, спускаясь от сухого подбородка прямо на середину груди, скользила по ней угловатою, глубокою извилиной и выказывала еще резче ее худобу и впадины; но, несмотря на некоторую резкость, придаваемую чертам этого человека его чрезмерною худобою и грубыми пятнами света и тени, лицо его сохраняло выражение самое кроткое и тихое; даже запекшиеся, побелевшие губы дышали тем невыразимым добродушием, которое как бы просвечивалось во всей его наружности. Старик, как уже сказано, лежал на полу; костлявое туловище его, слегка приподнятое локтем правой руки, бросало густую тень на стену и лавку, в которую упирались его длинные ноги, перепутанные онучами. Левая рука бедняка безжизненно покоилась на жиденькой холстяной суме в заплатках и поношенной шапке. Последние два предмета обозначали на полу следы воды, которою были пропитаны.

Страдальческая наружность бедняка, возбуждавшая невольное сочувствие, успокоила мало-помалу Марью Петровну. Она нагнулась и сделала шаг вперед. Старик, узнав в ней тотчас же барыню, хотел было привстать; но усилие его оказалось бесполезным, и он снова опустился на локоть. Подняв дрожащую руку на грудь, он устремил на нее мутные глаза свои и сказал с сильною одышкою:

- Простите, матушка... встать-то не смогу никак, не взыщите... сударыня... силой-то больно плох стал.

- Не надо, не надо, - торопливо проговорила Марья Петровна, - ничего, лежи, старичок... лежи; что с тобою? чем ты болен?

Старик опять попробовал было приподняться, закашлялся и вымолвил, останавливаясь почти на каждом слове:

- Грудь одолела... ломит все... матушка... ходить не дает... Одышка тяготит больно меня... Уж пятый месяц так-то бьюсь с ней... сударыня...

- Что ж ты, застудил ее, что ли?

- Нет, матушка, - продолжал бедняк, опуская в изнеможении голову, - не застудил ее... зашиб добре...

- Э, да как же это случилось?

- Я кровельщик... сударыня; у нас в вотчине... мельницу ветряную ставили... Народ-то все молодой... меня и послали... кровлю свести, вишь, понадобилось... Время-то ненастное стояло... по весне было, матушка... Я и скатись с нее... да вот грудью-то и упал на бревна... Ох!... С той поры так-то вот все и бьюсь... с ней...

- Э-э-э, старичок, - перебила Марья Петровна, жалостливо качая головой, - да тебе бы тогда надо было кровь пустить или сходить тотчас же в город к лекарю...

- Был, матушка, - отвечал старик ослабевшим голосом, - да не приняли... Места, вишь, в ту пору не было... О... ох!...

Усилия, какие употреблял бедняк, чтобы говорить с помещицей, казалось, превышали его силы; едва произнес он последнее слово, как звук уже замер на устах его, одышка и хриплый кашель, которому конца не было, совсем одолели старика. Внезапно лицо его искривилось, руки брякнули оземь, и он покатился на солому.

- Воды! Фекла, скорей воды! - завопила Марья Петровна, мотаясь как угорелая. - Господи боже мой! Заступница наша, пресвятая богородица... Скорей, Фекла, спрысни ему лицо... Господи, что с ним такое?

- Ох, матушка-барыня, - твердила не менее испуганная скотница, поливая без милосердия голову старика студеной водой, - с ним это не впервые... как только пришел он сюда, тоже вот такое попритчилось... Ох! чего доброго, помрет еще, пожалуй... Спросить бы его, барыня, откуда он... все бы, кажись, не так опасливо... Эка беда какая!...

В это время старик глубоко вздохнул, открыл глаза и медленно начал приподниматься; он как будто совестился оставаться в таком положении при барыне.

- Откуда ты, старичок? - спросила Марья Петровна, тряся головою сильнее обыкновенного.

Старик тотчас же заметил выражение беспокойства на лице барыни; он, вероятно, также понял причину ее опасений и вместе с тем все, что ему угрожало в таком случае. Стараясь по возможности придать лицу своему бодрое и спокойное выражение, он произнес с меньшею, однако, против прежнего твердостью:

- Вот, матушка, как словно теперь полегче стало... Со мной так-то бывает... Оно ничего, сударыня... ничего... не откажите только своею милостию... не гоните меня без помощи, как другие. (Тут он устремил на нее умоляющий, влажный взор.) Оно ничего, матушка, прошло, ты не бойся... на силы-то больно я понадеялся... прошел добре много, сударыня...

- Да ты откуда? - спросила Марья Петровна.

- Я-то? - простонал старик.

- Да, из каких ты мест?

- Издалече... верст за девяносто...

- Чьих господ?

- Бакушиной... Анастасии Семеновны... матушка...

- Э-э-э, - перебила Марья Петровна, потряхивая головой, - экой ты какой, старичок, право! да тебе бы лучше подождать в городе, пока место в больнице не очистилось...

- Я и сам думал, сударыня, - заметил старик, - да сказали: долго придется так-то ждать... Я и пошел опять в деревню...

- Оно бы лучше было, хоть в деревне бы дождался... в больнице тебя бы, наверное, вылечили...

- Не у кого было, сударыня, жить в деревне-то, - отвечал со вздохом бедняк, - землицы и избенки нету у меня, матушка... Я по старости с пашни-то уже девятый год снят... затяглым считаюсь... семьи нет, одинокий...

- У кого же ты жил?

- Да у своего же мужичка... на хлебах... Подсоблял ему кое-что править... пока господь сил не отнял... Он меня и кормил, матушка... Ну, как сил-то не стало, случилась со мной беда-то, расшибся, пришел ему в тяготу... Он кормить-то и не стал меня... Вестимо, в чужих людях даром хлеба не дадут...

- Так неужто у тебя никого нет из родни в деревне?

- Есть, матушка... дочка есть... - отвечал он, оживляясь, - да только не в деревне у нас... За садовником она, в тридцати верстах отселева живет... К ней-то я, сударыня, и пошел, и лето, почитай, все у нее прожил... да так же, сударыня, люди они бедные, - прибавил он после вздоха, - в тягость я им пришелся... Они-то не сказывали, да вижу сам, невмоготу им стало кормить меня, старика... я и пошел побираться... Вот в Заполье ономнясь проведал я про твою милость... и пришел к тебе... да, видно, чрез силу шел-то, время холодное, ненастье такое... мне хуже и стало... Не оставь, матушка, меня своею милостью... век буду за тебя молить бога; мне у тебя здесь так-то хорошо... изба теплая... совсем обогреюсь... не оставь... родимая...

- Погоди, погоди, бедный старичок, погоди, - сказала Марья Петровна, - отдохни здесь, сейчас пришлю тебе лекарства... Напьешься горяченького, и груди легче станет... и мази также пришлю тебе...

Старик не отвечал ни слова, но взгляд, брошенный им на барыню, передавал его благодарность лучше всякой речи. Марья Петровна и Фекла, успевшая уже в это время воткнуть огарок в фонарь, вышли из избы.

- Ну, что у вас там такое случилось? - спросила Софья Ивановна, встречая соседку в "аптеке". Что это за старик?

- Ох, душенька Софья Ивановна, лучше и не спрашивайте! - могла только проговорить помещица. - Ох! представьте, - продолжала она, разводя руками, - какой-то старик, старый-старый, пришел за девяносто верст в эту погоду, и уж чуть-то живехонек... Грудь расшиб, бедненький, с мельницы упал... Ох! не знаю, право, чем бы ему помочь... бузины разве с шалфеем сварить... пусть напьется горяченького, оно мягчит, а потом велю Палашке натереть ему грудь оподельдоком... как вы думаете?

- Смотрите, Марья Петровна, не нажить бы вам бед с вашими лечениями! Сами же говорите, что старик этот чуть живехонек... Ну, а как он вдруг да отдаст у вас богу душу, умрет, что вы думаете? Знаете ли, какое это дело? Да тут от суда не отделаешься. Разве не слышали, каких хлопот нажил себе чрез такой же точно случай Егор Иванович Редечкин третьего года?... Христос с вами, Марья Петровна, что вы делаете?...

- Ох, Софья Ивановна, не пугайте меня, душенька, у меня и так сердце не на месте! - воскликнула в страхе старуха. - Палашка! Палашка! поди сюда, дура, влезь поскорей на стул да сними вон с того шестка два пучочка травы... Ну, беги теперь в кухню, спроси медный чайник у Прасковьи и неси его в ту комнату... Что, печка еще топится?

- Топится.

- Ну, хорошо; так беги же, смотри, скорей... Напою его, Софья Ивановна, тепленькой бузиной, авось господь не попустит такой беды...

Минуту спустя Марья Петровна сидела перед печкой, заставляя рябую Палашку мешать целебные травы и в то же время твердя молитвы. Софья Ивановна вместе с поручицей, все еще вязавшей чулок, расположилась подле нее. Первая не переставала повторять соседке свои опасения, подтверждая их каждый раз случаем с Егором Ивановичем Редечкиным.

А между тем буря по-прежнему свирепствовала на улице, ветер жалобно завывал вокруг всего дома и дождь безмилосердно барабанил в окна; заунывный голос Змейки также иногда раздавался за окном, вторя мрачному напеву бурной осенней ночи... Вода в чайнике начинала уже закипать, когда в комнату неожиданно вбежала Фекла; комки мокрого снегу, покрывавшие голову и плечи бабы, свидетельствовали, что она не подумала даже второпях отряхнуться и обчиститься в сенях; лицо ее изображало сильную тревогу. Марья Петровна, увидя ее, раскрыла рот, глаза и осталась как окаменелая в этом положении; Софья Ивановна одна не растерялась.

- Что ты? - спросила она, поднимаясь на ноги. - Верно, что-нибудь случилось?...

- Беда, матушка-барыня! - проговорила скотница, размахивая руками и посылая при этом случае брызги воды на обеих старух. - Старик-ат никак совсем отходит!...

- Божья матерь, святой Сергий-угодник... - простонала наконец помещица.

- Ну, Марья Петровна, не говорила ли я вам, что это будет? - произнесла торжественно соседка.

- Ох, что ж мне с ним делать?

- А вот что, - вымолвила опять Софья Ивановна, энергически махнув рукой, - по-моему, просто-напросто прикажите-ка скорей отвезти его на дорогу, да пусть идет себе умирать куда хочет!...

- Вестимо, матушка-барыня, - возразила Фекла, полаивая барыню, как из лейки, - оно что про то говорить, время ненастное, да все же лучше отослать его от греха...

- Видите, Марья Петровна, - перебила соседка, - вам даже это говорит простая мужичка... что вы делаете? Помилосердуйте... послушайте меня... я вам добра желаю... Посудите сами, время праздничное, подумают еще, как следствие затеется, что его здесь и убили у вас; прикажите его, говорю вам, отвезти скорее, бог с ним, своя рубашка ближе...

Марья Петровна минуту целую ничего не могла отвечать; глаза ее были устремлены на лампадку, висевшую в углу перед образом, и, казалось, все существо ее переселилось мысленно на кончик светильни. Наконец она обратила добродушное лицо свое к Фекле и сказала более твердым голосом:

- Беги скорее к старосте, скажи ему, чтобы велел запрячь тележку да отвез бы старичка куда ему надо... ох! Да вели ему дать, бедненькому, пирожка на дорогу... Постой, вот я волью в посудинку бузины... пусть прежде напьется хорошенько горяченького... Палашка! Вынь ей также белый хлебец из кладовой... а ты, Фекла, ступай сюда (тут она ввела бабу в "аптеку"), на тебе мазь, скажи ему, чтоб натирал грудь утром и вечером... Ох! С нами крестная сила!... Ну, ступай, ступай... Господь с тобою!...

Получив, что следовало, Фекла заблагорассудила наперед всего забежать домой и поглядеть на старика. Она увидела его распростертого, как прежде, на полу без малейшего признака жизни.

Заметив, однако ж, после внимательного рассмотрения легкое колебание рубашки на груди страдальца, она перекрестилась, поставила фонарь и ношу свою на окно и сломя голову кинулась к старосте.

Изба Демьяна была полна народу и, прежде чем Фекла достигла "красного угла", где дребезжал, как струна бойкого шерстобита, голос старостихи, она должна была протискаться сквозь густую толпу баб, девок, ребят, мужиков. Хозяйка дома, краснощекая, румяная баба, стояла против дюжего багрового мельника, кланялась ему низменно и упрашивала откушать еще пирожка; она не обращала ровно никакого внимания на то, что стол перед мельником был покрыт грудами съестного; еще менее заботилась старостиха о том, что кусочки лепешек, пирогов и каравая, за неимением другого места, покоились гуськом на коленях именитого гостя; она только кланялась да приговаривала:

- Да пожалуйце, да покорнейше прошу, да откушайце...

На что гость отвечал, отдуваясь, как бык:

- Много довольны... не обессудьте... очень довольны...

- Да пожалуйце, - продолжала хозяйка, - да хоть скушайце кусочек... вы мало чего получаете... из-под себя кусочек выкушайце...

- Много довольны, - отвечал опять тот, - и так передо мной копной-с наворочено...

Когда Фекла объявила во всеуслышание причину своего посещения, в избе поднялся такой страшный шум, что с минуту можно было думать, что она разрушается до основания; в сенях послышалась давка, визг, пискотня... Не успела одуматься хозяйка, как уже изба ее опустела, остался только мельник; благодаря радушному приему один он не в силах был последовать общему примеру.

- Ахти, матушка! - вскричала старостиха, всплеснув руками. - А ведь мужа-то нету дома... Знать, загулял где... постой, я побегу за ним... поди ты, дело-то какое!

Не дожидаясь приготовлений старостихи, Фекла стремглав понеслась домой. Она до того была занята своим делом, что на повороте улицы не заметила двух пьяных мужиков, лежавших в луже поперек дороги, и чуть не шлепнулась через них со всего размаху; услыша неожиданно голос старосты, она подбежала к одному из них и, толкая его, принялась было передавать ему приказание барыни; но тщетны были ее старания; Демьян ничего и слышать не хотел. Обняв крепко-накрепко свата своего Стегнея, он только лобызал его в бороду, повторяя: "Сенька, Сенька, запой! запой!...", вследствие чего сват раскрывал рот наибезобразнейшим образом, испуская сиплый, раздирающий звук, - только то и было.

Видя, что толку не дощешься, Фекла поспешно подобрала подол и продолжала путь. Народ, извещенный случаем, валил на скотный двор со всех сторон и успел уже натискаться в избу вплоть до самых сеничек. Никто, однако ж, из толпы, окружавшей бедняка, не трогался с места; все глядели на него, вылупив глаза, с каким-то притуплённым любопытством, и только глухой ропот пробегал иногда с одного конца избы до другого. Старик лежал по-прежнему на соломе; ему как-будто опять отлегло. Ошеломленный шумом, смотрел он в недоумении на толпу, его окружавшую. Казалось, тяжкое предчувствие того, что должно было случиться, начинало уже мало-помалу забираться в его душу; но когда Фекла, продравшись к нему, тряхнула его за руку и сказала: "А что, старик, тебе, кажись, опять легче стало? Вставай!" - все разом прояснилось перед ним. Судорожный трепет пробежал по всем его жилам. Он не сказал, однако ж, ни слова. Медленно, с неимоверными усилиями приподнялся он с помощию рук на колени, и только раздирающий вздох ответил на шум толпы, поднимавшийся все сильней и сильней.

- Постой, дядя, я те помогу привстать-то, - вымолвил наконец дюжий мужик, выступая вперед и пропуская коренастую руку под плечо больного. - Митроха, - примолвил он, толкнув локтем молодого парня, - подсоби! Чего стоишь, рот-то разинул?

Старика поставили кой-как на ноги. Кружок значительно расширился.

- Вот что, старик, - начала Фекла, заглядывая ему пристально в лицо, - ступай-ка ты лучше от нас с богом, мы те проводим, а то пришел ты, господь тебя знает, отколе... неравно еще беда с тобой случится, всем нам хлопот наживешь... ступай, до греха...

- Вестимо, - перебила какая-то близ стоявшая старушка, обращаясь к бобылю, - погляди-ка, касатик, на себя, ведь на тебе лица нет, родимый, того и смотри богу душу отдашь.

- И то, - заметил дюжий мужик, все еще поддерживавший старика, - ишь уже ноги-то как трясутся,., и всего инда дрожь пронимает... ступай-ка лучше от нас до беды... ты помрешь, тебе что, а нам от суда-то житья не будет, дело знамое; ишь у те как глаза-то посоловели... ступай, дядя, лучше от нас, пра, ступай...

- Да что вы с ним больно кобянитесь, - послышался чей-то голос, - ведите его, и все тут; чего ждете? небось хотите, чтоб помер да всем беду накликал!...

- Погодите! - закричала Фекла. - Барыня велела ему дать мази на грудь... Старик, где у тебя сума-то? Старик!

- Ась?

- Мешок где?

- А!...

- Здесь, здесь! - закричало несколько голосов, и в то же время множество рук протянулось к Фекле с сумою.

- Погодите, - продолжала Фекла, - барыня велела еще положить туда хлеб белый да лекарство; ну, дядюшка, а посудинка где твоя?... Эй, тетки, - крикнула она, - за вами, кажись, на окне посудинка стоит... Да что вы тискаетесь, черти, словно угорелые, чего не видали? Эки бесстыжие какие!. (При этом Фекла начала угощать подзатыльниками девчонок и мальчишек, карабкавшихся под ее ногами).

- Кажись, все теперь, - прибавила она, торопливо надевая мешок на плечи старика и нахлобучивая ему на глаза шапку. - Ну, теперь господь с тобой, дядюшка!... Ступай от нас!...

Старик медленно поднял костлявые, сухие руки свои к голове и стащил шапку; после этого правая рука его еще медленнее поднялась кверху, и трепещущая, неверная кисть ее прильнула к страдальческому челу, потом к груди и робко сотворила крестное знамение.

Фекла снова помогла ему надеть шапку; тогда дюжий мужик толкнул еще раз Митроху и, приподняв старика под руки, повел его вон из избы. Опустив голову, бедняк безмолвно протащился в сени, преследуемый шумною толпой, которая чуть не сшибла с ног его вожаков, ругавшихся на все бока; но когда его вывели на улицу, когда неумолимый дождь начал снова колотить его в бока и спину, когда студеные лохмотья рубашки, раздуваемые свирепым ветром, начали хлестать в его изнуренную грудь, старик поднял голову, и помертвелые уста его невнятно прошептали о пощаде; но яростное завывание бури заглушало слова страдальца, и его повлекли прямо к околице.

Вскоре не стало старика в сельце Комкове, и толпа, его провожавшая, снова загуляла на славу; и долго потом громкие крики веселившегося народа раздавались на улице, долго еще слышались во всех ее концах звонкие залихватские песни, говор и дружный беспечный хохот, пока наконец глубокая полночь не прогнала хмельных обывателей в теплые избы, на полати и печи. Все понемногу стихло и смолкло. Один лишь свирепый ветер, пробегая по кровлям и заборам, подымал свой пронзительный голос в тишине ночи, да изредка вторило ему с барского двора протяжное завывание Змейки, которую не могли никак отогнать караульщики...

***

На другой день утром Софья Ивановна собралась ехать домой. Невзирая ни на какие убеждения со стороны Марьи Петровны, упрашивавшей Христом-богом соседку погостить еще денечек, она осталась непоколебимою в своем намерении. Делать было нечего; велено было рябой Палашке приказать кучеру запрячь каурую кобылу. К полудню старинные дрожки Марьи Петровны бойко подкатили к крыльцу, причем рыжий Степка, сидевший кучером (отец злополучного Фетиски находился еще в расслабленном состоянии после вчерашнего праздника), поглядел на дворовых, столпившихся у застольной, как бы похваляясь перед ними своей удалью. Когда обещанный кулечек с картофелем был привязан белобрысою Палашкой к экипажу, Софья Ивановна, закутанная с головы до ног, стала усаживаться на дрожки, поддерживаемая лакеем Федором, у которого все лицо, от стужи ли, или от чего другого, было покрыто синяками. Марья Петровна, стоявшая с поручицей-приживалкой на крыльце, готовилась уже спуститься вниз, чтобы в последний раз поцеловать дорогую соседку, как в это самое время откуда ни возьмись появился перед нею староста. На лице Демьяна не было и следа вчерашней гулянки; оно выражало одни лишь тяжкие заботы.

- Что ты, Демьян? - спросила помещица.

- Да к вашей милости, матушка Марья Петровна, - отвечал он с поклоном, - вечор, матушка, приходил сюда хворый мужик, так вы его отослать приказали... Ну, слава богу, сударыня, что отделались мы от него... такую было беду заварил.

- Что такое? - вымолвила с беспокойством старушка.

- Да что, матушка Марья Петровна, сюда приехал на мельницу мужик из Орешкова, сказывал, старика-то, вишь, нашли у них нынче к рассвету, на меже, мертвого... Пошли, говорит, ихние ребята за кольями, а он, сударыня, и лежит подле самой-то межи, в канавке, словно, говорит, живой... подле него мешок, шапка... сказал мужик тот; к ним и становой, вишь, приехал... така-то, говорит, беда завязалась...

Софья Ивановна всплеснула руками и подпрыгнула на дрожках; Марья Петровна прослезилась и подняла очи к небу; одна лишь поручица прослушала все это с обычным своим хладнокровием.

- Божия матерь, святой Сергий-угодник... Ох! - простонала наконец Марья Петровна.

Головка ее тряслась сильнее обыкновенного, и теплые благодарственные слезы текли по иссохшим ее щекам.

- Вот то-то, - произнесла ей соседка, размахивая руками, - теперь небось сами, Марья Петровна, благодарите бога, а вчера, помните ли? и слушать меня не хотели... ну, не предупреждала ли я вас, а? а вы еще хотели оставить его у себя... ну да, слава царю небесному, что это дело так благополучно для вас окончилось, очень рада... Прощайте, душенька Марья Петровна, благодарю за хлеб за соль, да к нам в Закуряево скорей приезжайте погадать в карточки... Прощайте!...

И дрожки укатились, унося с собою помещицу, добрую меру

картофеля и целый короб новостей, которые Софья Ивановна поспешит сообщить другой своей благодетельнице, куда и приказывает немедля направить путь рыжему Степке.

ПРОХОЖИЙ

(Святочный рассказ)

I

...Да, поистине, это была страшная ночь! Старики говорили правду: такая ночь могла только выпасть на долю Васильеву вечеру. И в самом деле, всем и каждому чудилось что-то недоброе в суровом, непреклонном голосе бури. Из пустого не стали бы выводить страхов (этак, пожалуй, пришлось бы бояться каждой метели, а между тем и всей-то зимы никто не боится)! Всякий знает, что зима ходит в медвежьей шкуре, стучится по крышам и углам и будит баб топить ночью печи: идет ли она по полю - за ней вереницами ходят метели и просят у нее дела; идет ли по лесу - сыплет из рукава иней; идет ли по реке - кует воду под следом на три аршина, - и что ж? - всякий встретившийся с нею прикутается только в овчину, повернется спиною да идет на полати! На этот раз, однако ж, иное было дело.

Посреди свиста и завывания ветра, внятно слышались дикие голоса и стоны, то певучие и как будто терявшиеся в отдалении за гумнами, то отрывчатые, пронзительные, раздававшиеся у самых ворот и окон и забравшиеся даже в трубы и запечья. Выходит ли кто на улицу - перед ним носились незнакомые, чуждые образы; из мрака и вихрей возникали то и дело страшные, никому неведомые лики... Да, старики говорили правду, когда, прислушиваясь чутким ухом к реву метели, утверждали они, что буря буре рознь, и что шишига, или ведьма, или нечистая сила (что все одно) играла теперь свадьбу, возвращаясь с гулянок. Но хорошо им было так-то разговаривать, сидя на горячей печке. Что им делалось посреди веселья, криков ребят и шумного говора гостей, наполнявших избу! (В Васильев вечер, как ведомо, одна только буря злится да хмурится.) Студеный ветер не проникал их до костей нестерпимым ознобом, снежные хлопья не залипали им очи, шипящие вихри не рвали на части их одежды, не опрокидывали их в снежные наметы... как это действительно было с одним бедняком, прохожим, брошенным в эту ночь посреди поля, далеко от жилья и голоса человеческого.

Много грозных ночей застигало прохожего, много вьюг и непогод вынесла седая голова его,- но такой ночи он никогда еще не видывал. Затерянный посреди сугробов, по колена в снегу, он тщетно озирался по сторонам или ощупывал костылем дорогу: метель и сумрак сливали небо с землею, снежные горы, взрываемые могучим ветром, двигались как волны морские и то рассыпались в обледенелом воздухе, то застилали дорогу; гул, рев и смятение наполняли окрестность. Напрасно также силился он подать голос: крик застывал на губах его и не достигал ни до чьего слуха: грозный рев бури один подавал о себе весть в мрачной пустыне. Отчаяние начинало уже проникать в душу путника, страшные думы бродили в голове его и воплощались в видения: на днях знакомый мужичок, застигнутый такою же точно погодой, сбился с пути на собственном гумне своем, и на другой день, об утро нашли его замерзшего под плетнем собственного огорода; третьего дня постигла такая же участь бабу, которая не могла найти околицы; вечор еще посреди самой улицы нашли мертвую калеку-перехожую, которая за метелью не различила избушек.

Так думал прохожий; а вьюга между тем с часу на час подымалась сильнее и сильнее. Вот повернула она, поднялась хребтом на пригорке, закрутилась вихрем, пронеслась над головой путника, загудела в полях и ударила на деревню. Вздрогнули бедные лачужки, внезапно пробужденные от сна посреди темной холодной ночи; замирая от страха, они тесно прижались друг к дружке, закутались доверху своим снежным покровом, прилегли на бок и трепетно ждут лютого вихря. Но вихрь, привыкший к простору, рвется и мечется пуще прежнего в тесных закоулках и улицах. Разбитый на части, он, разом со всех сторон, нападает на лачужки, всползает на шаткие стены, гудит в стропилах, ломает там сучья, срывает воробьиные гнезда, сверлит кровлю и, выхватив клок соломы, бросается на кровлю, силясь сбросить петушка или конька на макушке; и тогда как одна часть бури ревет вокруг дома, другая уже давно проползла шипящею змеёю под ворота, ринулась в клети и сараи, обежала навесы и, не найдя там, вероятно, ничего, кроме вьющегося снега, напала на беззащитную жучку, свернувшуюся клубком под рогожей... Но вот вихрь прилег наземь, загудел вдоль плетня, украдкою подобрался к калитке, поднялся на дыбы, сорвал ее с петель, бросился на улицу, присоединился к другому, третьему, и снова грозный рев наполняет окрестность...

Но что до этого! По всему крещеному миру не было все-таки бедной избенки, не было такого скромного уголка, где бы не раздавались веселые песни, где бы не было тепло и приятно! Там - шумная толпа ребятишек резво прыгает по лавкам и нарам, выбрасывая из рукава нарочно припасенные про случай хлебные зерна и звонко распевая: "Уроди, боже, всякого хлебца, по закорму, что по закорму, до по великому, а и стало бы того хлебушка на весь мир крещеный!.." Между тем старшая хозяйка дома, - мать или тетка, - отбиваясь одной рукою от колючих игл овса и гречи, пущенных в нее как бы нечаянно шаловливым парнем, другою приподняв над головою зажженную лучину, суетливо ходит взад и вперед и набожно подбирает зерна в лукошко для будущего посева. Остальные члены семьи, кто усевшись под иконы, кто стоя в углу, молча, но весело глядят на совершение обряда; даже старая подслеповатая бабушка, много лет не сходившая с печки, свесилась на перекладину поглядеть на внучек, - на семейную радость!

В другой избе крики и хохот раздаются еще громче. Рой молодых девок натискался в избу. Двери плотно заперты; окно на улицу завешено прорванной понявой. Одна из девок - самая вострая - стоит на слуху в сенечках: не идет ли кто. Остальные заняты делом: кто повязывает на голову войлок, обвитый вокруг палки, кто натягивает армяк или покрывает маленькую головку неуклюжей шапкой, обтыканной по краям, ради смеха, льняными прядями, обсыпанными мукою; кто прикутывается в овчину, вывороченную наизнанку, - это ряженые! Хохот, визг, шушуканье, писк не прерываются ни на минуту. Надо же весело справить последний день Васильева вечера! В третьей избе громкий говор и восклицания сменились на минуту молчанкою. Ребята, бабы, большие и малые, все пришипились. Там, под сладкий шумок веретена и прялки, тянутся мерные россказни старика-деда. Семейка села в кружок и, пригнувшись к одной лучине, не пропускает ни одного звука, ни одного движения рассказчика. Рассказ, прерываемый треском мороза, который стучит в углы и заборы, благополучно дотянулся, однако ж, за полночь. Лучина скоро угаснет. И тогда вся семья, женатые и холостые, большие и малые, заползут на печку и предадутся мирному отдыху, нимало не заботясь, что вьюга ревет и завывает в поле и вокруг дома...

О! счастлив, сто раз счастлив тот, у кого в такую ночь родной кров, родная семья и теплая печка!.. Так, по крайней мере, думал... но не до того, впрочем, было прохожему, чтобы умом раскидывать! Отчаяние уже давно завладело его душою. И если какие-нибудь мысли и приходили ему в голову,- им все-таки не время теперь было определяться в ясную думу; они мелькали перед ним так же быстро, как снежные хлопья, несомые лютою метелью, посреди которой стоял он с обнаженною седою головою и замирающим сердцем,- и так же быстро уносились и сменялись другими мыслями, как один вихрь сменялся другими вихрями...

Силы начинали покидать его. Он провел окоченевшею ладонью по мерзлым волосам, окинул мутными глазами окрестность и крикнул еще раз. Но крик снова замер на помертвелых устах его.

Прохожий медленно опустился в сугроб и трепетною рукою сотворил крестное знамение. Буря между тем пронеслась мимо: все как будто на минуту стихло... и вдруг нежданно, в стороне, послышался лай собаки... Нет, это не обман - лай повторился в другой и третий раз... Застывшее сердце старика встрепенулось; он рванулся вперед, простер руки и пошел на слух... Немного погодя, ощупал он сараи, и вскоре из-за угла мелькнули перед ним приветливые огоньки избушек.

II

Хозяин в дому - как Адам в раю,
Виноградье красно-зеленое.
Хозяйка в дому - как оладья в меду,
Виноградье красно-зеленое.
Малые детушки - как олябышки,
Виноградье красно-зеленое!
Народная песня

- Ах вы, пострелы вы этакие!.. Вишь заладили, пусти да пусти на улицу! Уйметесь вы али нет?..- закричала в сотый раз старостиха, подбегая дробным шажком к нескольким парнишкам и девчонкам, которые стояли у дверей и голосили на всю избу. - Молчать! вот я вам погуляю!.. Молчать, говорят!..- прибавила она, внезапно останавливаясь над маленькою толпою с распростертыми в воздухе руками, как коршун над стадом утят.

Но ребятишки успели уже выхватить из среды своей младшего брата, неуклюжего карапузика лет пяти, с огромным куском ржаной лепешки во рту, выставили его вперед и, прежде чем руки матери опустились книзу, отступили в угол.

- Это Филька кричал, а не мы...-проговорили они в один голос, тискаясь друг на дружку.

- То-то - Филька, я вам дам Фильку, смотрите вы у меня!- произнесла старуха, отступая в свою очередь и грозя в угол.

Она повернулась к ним спиною и мгновенно обратила вскипевшую досаду на старшую дочь - девушку лет семнадцати, сидевшую на лавочке, подле окна.

- Ну, чего ты сидишь, - ноги-то развесила, - начала старуха, принимаясь снова размахивать руками,- что сидишь?.. Неушто не видишь - лучину надо поправить, словно махонькая какая: все ей скажи, да скажи, сама разума не приложит!..

Девушка встала, молча вынула из горшка новую лучинку, зажгла ее, подержала огнем книзу, заложила в светец и села со вздохом на прежнее место. Дурное расположение старухи нимало, однако ж, не изменилось. Волнение и досада проглядывали по-прежнему в каждом ее движении. Она суетливо подошла к окну, прислушалась сначала к реву бури, которая сердито завывала на улице, - потом вернулась на середину избы и, обнаруживая сильное нетерпение, начала вслушиваться в храпенье, раздававшееся с печки.

- Левоныч, а Левоныч,- заговорила она наконец, топнув ногою и устремляя глаза на рыжую бороду, которая выглядывала вострым клином из-за края печки.- Левоныч, слышь, говорят, вставай! Ну чего ты, в самом-то деле, разлегся, словно с устали; полночи дожидаешься, что ли? Вставай, говорят!

- О-о-о! Господи!.. Господи!.. Чего тебе, ну?- отозвался староста, зевая и потягиваясь.

- Тьфу, увалень! прости господи! Тебе что? тебе что?..- подхватила она с сердцем и стараясь передразнить его, - тебе что?.. Сам наказывал будить; память заспал, что ли? Я чай, у Савелия давно завечеряли; ты думаешь - староста, так и ждать тебя станут, - нешто возьмешь; вставай, говорят!

- Ммм...- простонал староста, переваливаясь на другой бок; при этом борода его исчезла и на месте ее показалась багровая, глянцевитая лысина, на которой свет лучины отразился как в стекле.

- Слышь, говорят, понаведались за тобою от Савелья, сказывают, и мельник там, и пономарь, - крикнула она, обнаруживая крайнее нетерпение.

Но на этот раз лысину покрыл овчинный полушубок, и уже старостиха ничего не услышала, кроме удушливого храпа и сопенья.

Старостиха была баба норовистая и ни в чем не терпела супротивности. Не раздумывая долго, она бросилась к печке и занесла уже правую руку в стремечко, с твердым намерением стащить сонного старосту на пол, как в эту самую минуту раздалась стукотня в окне, и, вслед за тем, кто-то запел тоненьким голосом:

> Коляда, коляда!
> Пришла коляда!
> Мы ходили, мы искали
> По всем дворам, по проулочкам...

- Мамка, пусти к ребятам на улицу!- заголосили в то же время ребятишки, выступая из угла, - пусти хоша поглядеть...

- Цыц, окаянные! цыц!- крикнула старостиха, ухватившись второпях за ногу мужа и поворачивая назад голову.

- Мамка, мамка!..- заголосили громче парнишки, подстрекаемые пением за окном, которое не умолкало,- пусти поглядеть на ребят...

Но старостиха недослышала далее; она соскочила наземь, схватила веник и со всех ног метнулась в угол. Ребятишки снова выставили вперед Фильку. Но на этот раз дело обошлось иначе. Старуха ухватила своего любимца за шиворот, веник зашипел, Филька испустил пронзительный крик и болтнул в воздухе ногами.

- Вот тебе, вот тебе!..- проговорила мать, скрепляя каждое слово новым ударом, - ну, перестань же, перестань, - присовокупила она, смягчая неожиданно голос и увлекая его к столу, - перестань, говорят; на пирожка, на пирожка, - продолжала старуха, суя ему под нос кусок,- на пирожка... А, так ты не хочешь, пострел, не хочешь... на же тебе, на тебе!- и веник снова зашипел в воздухе.- Ну, на пирожка... возьми... о! о! уймешься ты али нет?! опять!.. постой же, постой...

И веник поднялся уже в третий раз, как за окном раздался новый стук, но только сильнее прежнего, и тот же голос запел, но только настойчивее:

Чанны ворота!
Посконна борода.
Кричать ли Авсень?..

- Матушка, подай им хоть лепешку, - сказала старшая дочь, робко взглядывая на мать и потом обращая с любопытством живые черные глаза свои на окно,- они, матушка, так-то хуже не отстанут...

- Не отстанут! ах, ты дура, дура!- крикнула старостиха, бросая Фильку и останавливаясь впопыхах посередь избы,- а вот погоди, я им дам лепешку...

Но шум под окном обратился уже в неистовые крики, сопровождаемые присвистыванием, прищелкиванием, и голос распевал во все горло:

Чанны ворота,
Посконна борода,
Честь была тебе пропета,
Подавай лепешку
В заднее окошко!

Присоединенный к этому вой Фильки и рев остальных детей остервенили вконец старуху; и бог весть, чем бы все это кончилось, если б не голос старосты, который раздался почти в то же время с печки:

- Старуха... о! что у вас там такое? соснуть не дадут... никак колядки задумали петь... гони их...

- А сам-то ты что лежишь на печке, увалень ты этакой. Бьюсь не добьюсь поднять его на ноги; тьфу!..

> Старый черт, подай пирога,
> Не дашь пирога - изрубим ворота.
> Авсень!..-

Раздалось под окном.

- Вишь, черти!- вымолвил староста, подпираясь локтем и лениво потирая лысину, - поди, уйми их, старуха, чего стоишь?

Старостиха подняла окно и высунулась на улицу; но почти в ту же минуту отскочила на середину избы. Несколько комков снега влетели вслед за нею.

- Ух! окаянные! ух, дьяволы!- завопила старуха, протирая глаза и метаясь, как угорелая, из угла в другой, - где кочерга?.. где? а все ты, увалень! лежит себе, словно с ног смотался,- не шелохнется, хоть дом гори.

> На будущий год
> Осиновый тебе гроб... -

Крикнул кто-то звучным голосом, ударив кулаком в оконную раму.

- А вот погоди, погоди, - проговорил староста, спускаясь, наконец, с печки, - дам тебе осиновый гроб; это, я знаю, все Гришка Силаев озорничает; погоди, я тебе шею накостыляю, - заключил он, став на пол и протирая глаза.- Вы чего?.. Ну, чего воете?

- Тятька, пусти нас на улицу!- жалобно отозвались ребята.

- На улицу!- прытки добре; слышите, погода какая, замерзнуть небось хочется... Парашка, давай кушак да шапку - они, кажись, на лавке под образами - давай, пора идти, я, чай, и взаправду у Савелия завечеряли...- промолвил он, обращая сонные глаза на старшую дочь, которая во все это время так же неподвижно сидела на лавочке, изредка лишь завистливо поглядывая на уличное окно.

- Ну, вот, давно бы так, ступай-ка, ступай!.. и то два раза спрашивали, - сказала старуха, торопливо подавая варежки.

- Вот что, хозяйка, - вымолвил муж, останавливаясь у двери, - смотри без меня никого не пущай в избу; не равно ряженые придут,- гони их в

85

три шеи... Повадились нынче таскаться... А пуще всего не пущай Домну. Чтоб и духу ее здесь не было...

- Чего ей ходить-то, - недовольным голосом возразила жена, - небось, не придет... Да вот постой, я припру за тобой шестом калитку...

Сказав это, она набросила полушубок на плеча и, ворча что-то под нос, поплелась за мужем. Очутившись на крылечке, староста остановился, ошеломленный стужею и ветром, который с такой силой мутил по двору снег, что нельзя было различить навесов.

- Ух! морозно добре стало, старуха... ух... ишь как ее, погодка-то, разгулялась... у!..

Он ухватился обеими руками за шапку и попятился назад.

- Ну вот еще что выдумал! первинка тебе, небось, ступай, ступай; тебе так спросонья почудилось; вестимо ветер гудет, - зимнее дело; ступай, у Савелия давно уже, я чай, завечеряли, - ступай, говорю, не срамись...

И, вцепившись в мужнин кожух, она почти силою стащила его с крылечка и повлекла по двору.

Пробравшись к воротам, она отворила калитку, оглянулась во все стороны и, наконец, вытолкнула мужа на улицу. Видно было, что она ждала кого-то и боялась, чтобы муж не встретился с гостем. Как только шаги его заглушились ревом бури, лицо старостихи просветлело; вопреки обещанию, она отворила настежь калитку и вернулась в избу.

- Ну, что ж ты, Параша, сидишь? Отец ушел, и ты ступай на улицу, - сказала она, неожиданно обращая речь к старшей дочери.

- Я думала, матушка, ты не велишь...- отвечала девушка, радостно вставая с места.

- Мамка, пусти и нас!- произнес сквозь слезы голос из угла.

- Што-о-о!..- воскликнула старуха, быстро поворачиваясь к углу.

Злосчастный Филька снова предстал было перед матерью, но с тою, однако ж, разницею, что на этот раз он сильно упирался ногами, кричал во все горло и отбивался руками и ногами от рук сестер и братьев, которые за него прятались.

- Чего вы, пострелы, все его вперед суете? я нешто не вижу?.. подь сюда, касатик, - заключила старостиха, гладя по голове своего любимца и закутывая его в то же время в полушубок. - Ну, - крикнула она, взглядывая нерешительно на угол, - ступайте на улицу!..

Радостный крик, единодушно вырвавшийся из угла, был единственным ответом.

- Цыц, пострелы!- задребезжала старуха, затыкая сначала уши и пускаясь потом вдогонку то за одним, то за другим,- цыц! никого не пущу... тьфу, окаянные, прости господи!- пошли вон!.. А ты, моя касатушка, не смей у меня шляться по улице!- прибавила она, повертываясь к Параше, которая взялась уже за скобку двери,- будь довольна, что из избы-то тебя выпустили... не стать же тебе шаламберничать с ребятами; сиди у ворот, шагу не смей ступить без спросу!..

Девушка, не ожидавшая, вероятно, такого притеснения, опустила к полу веселое свое личико и молча последовала за своими братьями и сестрами, голоса которых раздавались уже за воротами.

III

Ах ты, Домна Домна...
...- баба ты удалая!

Народная песня

Секунду спустя старостиха осталась одна-одинешенька посреди избы. Этого только, казалось, и добивалась она так долго. Ворчливое выражение на лице ее мигом сменилось какою-то довольною заботливостью. Она бросилась к печке, вынула один за другим несколько горшков, поставила их на стол против образов и приготовила все нужное для сытной трапезы; после этого старуха поспешно набросила на голову старый зипун, зажгла лучину и, заслоняя ее ладонью от ветра, вышла в сени. Тут пригнула она набок голову и стала внимательно вслушиваться; убедившись, что слышанный ею шум происходил единственно от бури, - старуха захлопнула дверь на крылечко и вошла в каморку или чулан, прилепленный, как ласточье гнездо, к одному из углов сеней. Сквозь щели этого чулана, сколоченного живьем из досок, не только проходил свободно ветер, но даже сеялся в изобилии снег, и многих трудов стоило старостихе найти укромное место для лучины; приткнув ее, наконец, кой-как за пустую бочку, она вытащила из-под нары сундучок, отворила его с помощью витого ключика и принялась выкладывать на пол разное добро: поочередно выступили, одна за другою, старые понявы, куски холста, мотки, коты, низанные бисером подзатыльники и, наконец, полотенца; добравшись до последних, старуха бережно отложила два из них в сторону и продолжала разбирать свое имущество. Она уже подбиралась к самому дну сундучка, как вдруг на крылечке послышалось топанье чьих-то ног; старостиха насторожила слух и затаила дыхание. Раздавшийся немного погодя кашель возвратил, однако ж, спокойствие на лицо ее;

откашлянувшись в свой черед, она сунула под мышку отложенные два полотенца и, приподняв над головою лучину, вернулась в сени; задвижка щелкнула, дверь на крылечко отворилась, и в сени вошла, покрякивая и оттаптывая ноги, дюжая, плечистая баба с пухлыми щеками и крошечными черными глазками, которые бегали как мышонки, несмотря на то, что им, очевидно, тесно становилось посреди многочисленных складок, образовавшихся от наплывшего жиру. В одной руке держала она довольно полновесный горшок, прикрытый тряпицею; другая рука ее придерживала на груди прорванную шубейку, которая прикрывала ей плечи и голову. Увидя перед собой старостиху, дюжая баба приподняла горшок так, чтобы он бросился ей тотчас же в глаза, и поклонилась.

- Здравствуй, Домна Емельяновна, добро пожаловать!- произнесла та, кланяясь в свою очередь.

Вслед за тем она прикрыла полою зипуна лучину и отошла немного в сторону.

- А что, касатушка, никого у вас нет? - прохрипела Домна, осматриваясь нерешительно на стороны.

- Никого, родная, все, и малы, и велики, со двора ушли, - отвечала старостиха, утвердительно моргая глазами.

Услыша это, гостья мгновенно приободрилась, отряхнула снег, покрывавший шубейку, постучала ногами об пол и оправилась. После того она повернулась спиною к хозяйке и, обмакнув несколько раз сряду жирную ладонь свою в горшок, принялась опрыскивать какою-то жидкостью притолку, стены сенечек и порог, нашептывая что-то под нос. Старостиха стояла во все это время в углу, как стопочка, и только моргала глазами: сморщенное лицо ее поворачивалось и следило, однако ж, подобострастно за каждым движением гостьи. Наконец, она проворно вынула одно полотенце и, улучив минуту, когда Домна окончила причитание, подала его с поклоном.

Ощупав полотенце, Домна снова повернулась спиною, покосилась на старуху и, сделав вид, как будто обтирает им спрыснутые дверь и пол, спрятала его за пазуху. После того она закрыла горшок, поставила его на пол и подошла к старостихе как ни в чем не бывало[9].

- Спасибо тебе, Домна Емельяновна, что понаведалась, - сказала старостиха, отвешивая маховой поклон, - а я уже чаяла, касатка, ты за

---

[9] Обряд этот совершается на Васильев вечер и известен в Великороссии под названием: смывание лихоманок. Смывание производится (как уверяют, по крайней мере, плутовки, пользующиеся доверием поселян) снадобьем из четверговой соли, золы из семи печей и угля, выкопанного в Иванов день из-под чернобыльника.

метелю-то не зайдешь ко мне; выходила за ворота, смотрю: гудет погода; нет, думаю, не бывать тебе...

- И-и-и... Христос с тобою, с чего ж не бывать? уж коли посулила, стало, приду, - отвечала скороговоркою Домна, - да и пригоже ли дело, родная, солгать в такую пору...

- То-то, болезная... зайди в избу, Емельяновна,- отогрейся.

- Спасибо тебе на ласковом слове, - отвечала Домна.

Старостиха отворила дверь, и обе вошли в избу.

Хозяйка засуетилась у печки и, пригласив гостью присесть к образам, поставила перед ней скляницу, заткнутую ветошью, вместе с толстеньким стаканчиком, вертевшимся на донышке как волчок. Гостья не долго отнекивалась, выпила вино бычком, т. е. одним духом до последней капельки, и, кашлянув, закусила пирожком с кашей.

Вообще, должно сказать, Домна не была бабою ломливой или привередливой. Баба она была бойкая, вострая! Да и можно ли, по-настоящему, быть иначе сироте бесприютной, вдове беспомощной? Известно, живешь мирским состраданием, пробавляешься чужими крохами, тут всякий, того и смотри, сядет тебе на плечи, да еще спасибо скажешь, коли в шею не наколотят. Домна знала это как нельзя лучше, а потому, желая избегнуть, по возможности, сиротской невзгоды, и норовила всегда сама сесть на чужие плечи. "И будь без хвоста, да не кажися кургуз", - говорит пословица. И так ловко повела она свое дельце, что никто не пенял на нее; каждый, напротив, встречал ее с поклоном и принимал с почетом. С уголька ли спрыснуть, заговорить ли от прострела, смыть ли лихоманку, - везде и всегда она одна. Незадого еще до настоящего времени слыла она первою запевалкою и хороводницею во всем околотке, никто не подлаживал так складно под песню в обломок косы, никто не выплясывал и не разводил так ловко руками, ничей голос не раздавался звучнее; но с тех пор, как надорвала она горло на гулянке в день приходского праздника, и голос ее, дребезжавший на всеобщее удивление, как неподмазанное колесо, захрипел как у опоенной клячи,- слава ее в околотке стала еще почетнее. Леший ее знает, как она это делала, - но теперь в соседних деревнях без Домны - что без правого глаза. Без нее не обходится ни одна свадьба, потому что, не будь Домны, и свадьбе бы не состояться; она поклонилась отцу, поклонилась матери и уладила дельце; на пирах является она бабкою-позываткой: первая затевает пляску, первая пьет сусло и бражку. В зимние, долгие вечера Домна - не баба, а просто золото. Она все знает: кто хочет или задумал только жениться, кого замуж выдают, где и за что поссорились люди; там строчит она сказку узорчатую, тут поворожит, здесь спрыснет студенцом, - словом, на все про все. И крова, кажись, нету, мужа нету - сирота как есть круглая, а живет себе припеваючи. Да и о чем тужить? Сама не раз говорила Домна: "И то правда, касатушки, под окошечком выпрошу, под третьим высплюсь, - поддевочка-то сера, да волюшка-то своя!.."

Так вот какова была гостья старостихи.

- Ну, что, касатка, я чай, у соседей была? - спросила старостиха, придвигая к ней пирог.

- Как же, родная, - скороговоркою отвечала Домна, кося одним глазом на скляницу, другим на чашку с гороховым киселем, - когда ж и быть-то, как не нынче? кому охота напустить к себе в дом злую лихость? Та - Домна Емельяновна, пособи, другая также! Ну, я не отнекиваюсь от доброго дела; вестимо, долго ли накликать беду; о-ох! знамо, не простой день, касатка, - Васильев вечер... Ноне, болезная ты моя, лихоманку-то выпирает из преисподней морозом... Вот она и снует, окаянная, по свету,- ищет виноватых; где теплая изба, туда и она... притаится, это, за простенок али притолку, и ждет, нечисть, не подвернется ли кто... Я сама их видала, всех сестер видала... уж в чем, кажись, только душа есть: тощие, слепые, безрукие такие... а не смой из дому - затрясут, поди, до смерти, - завиралась Домна, надламывая пирожка и взглядывая на старостиху, которая сидела против ее на лавочке и, прищурившись, как кошка на печке, мотала в тягостном раздумье головою.

- Вот скажу тебе, - продолжала Домна, - видела я мужика в Груздочках, так уж подлинно жалости подобно... И здоров был, и росл, что хмелина в весну, а как напала, это, она на него, - похирел, словно трава подкошоная... А все оттого, что жена его поартачилась да не пустила смыть лихоманку в Васильев вечер...

- Ахти, касатка, эки дела какие; что ж она,- недобрая мать,- злобу какую на мужа-то имела?..- спросила старостиха.

- А кто ее знает, я немало ее тогда уговаривала...

- Да что ж ты, родная, не пьешь, не ешь ничего...- произнесла хозяйка, принимаясь суетиться,- не позорь нашего хлеба-соли... выпей еще стаканчик...

- Спасибо тебе на ласковом слове, - отвечала Домна, радостно принимая приглашение,- ну, так вот, родная, как почала она трясти его, трясла уж она, это, трясла, чуть не до смерти; насилу отшептали, совсем было сгиб человек... Да постой, не нынче, так завтра у нас в деревне прилучится такое дело, - коли еще не хуже...

- О-ох!- произнесла старостиха, со страхом озираясь на сторону,- что ж такое, родная?..

- А вот что, - отвечала Домна, отдувая багровые свои щеки, - захожу это я нынче, об утро, к Василисе, соседке твоей,- вестимо, касатка, не из корысти какой, чтоб мне сошлось что за хлопоты, захожу к ней,- а так, по простоте моей сиротской, известно, люди бедные, нешто с них возьмешь... Маешься ты, говорю, Василиса, со своим сыном; дай, говорю, отведу я от него нечистую силу, нынче только, говорю, и можно образумить каженника[10] - сама, чай, ведаешь, день какой, - куда те! и слышать не хочет; да это бы еще нешто, бог с ней, а то, туда же окрысилась на меня: вы, говорит, по деревне про сына пустили толки, то да се... Ну, думаю себе, делай как знаешь, сама напоследях спокаешься, несдобровать тебе с твоим каженником!..

Тут Домна покосилась украдкой на старостиху и сказала, понизив голос:

- Ты, касатка, не подпушай его, смотри, близко к дому, я давно хотела с тобой на досуге глаз на глаз поговорить...

Старостиха насторожила уши.

- Он, слышала я от добрых людей, - продолжала таинственно Домна,- за твоей дочкой увивается... избави господи!.. У каженников дурной глаз! того и смотри, испортит девку...

- Что ты, касатка,- ох!.. Да подступись он только... Да я и ему-то, и его матери-то все глаза выплюю!..-возразила с негодованием старостиха. - Я, родная, как только проведала про эвто дело, и дочь-то не пускаю со двора, зароком наказала не ходить за ворота...

- То-то, болезная, я не в пронос говорю тебе такое слово; ты девку-то свою не пущай, а он, окаянный, все возьмет свое, коли заберет на ум - напустит на нее лихость,- а ты, поди, плачь, тоскуй опосля... По-моему, до греха надо отвадить его как ни на есть от нее, чтобы девка-то опостыла ему, - без этого не миновать вам беды... Уж лучше, коли на то пошло, продайте вы ее в чужую деревню, я и женишка приищу. Такого ли жениха вам надыть! Да ему и в рот не вкинется, и во сне не приснится такое счастье... Она у тебя пригожее всех молодиц села... Вот доведалась я (люди добрые сказывали), и она, Василиса-то, на то же норовит; стану, говорит, просить барина!.. Пригодное ли дело, касатка, вам с ними родниться? шиш-голь, да и полно! Вам просвету не дадут: вишь, скажут, породнились с кем!.. Вестимо, кто про что: другому и крохи пропустить нечем,- да добрый человек, а этот, болезная ты моя, каженник! Уж что это за человек: чурается добрых людей, словно собак паршивых, ни с кем слова не промолвит, ни в пляску, ни в песни... я тебе говорю: отлучи ты его, до беды, от девки-то!..

- О-ох! я и сама о том думаю, касатушка... помоги, Домна Емельяновна, - произнесла с явным беспокойством старостиха,- рада служить тебе всем добром, - отведи ты его, бог с ним, от моей дочери.

Тут старостиха привстала с лавки, поклонилась гостье и положила перед ней на стол второе полотенце.

---

[10] Каженником называют в деревнях человека, одержимого душевною тоскою иногда просто без причины. Не ходит парень в хороводы, ну и каженник!

- Спасибо тебе на ласковом слове,- отвечала Домна, спрятав полотенце, как бы невзначай, за пазуху; - рада и я служить тебе, - изволь, помогу; слушай...

И Домна подсела уже к старостихе и прильнула к ее уху; но в эту самую минуту раздался такой сильный удар в ворота, что обе бабы невольно подпрыгнули на лавочке.

- Ох, родная!- воскликнула Домна, бросаясь впопыхах из одного угла в другой,- никак, муж твой идет, вот накликали беду!..

Старостиха в это время подбежала к окну, подняла его и взглянула на улицу.

- Нет, касатка, не он, - крикнула она, просовываясь в избу и обращаясь к Домне, которая стояла уже в дверях, - не он: ветер сорвал доску с надворотни, - не бойся, - он у Савелия на вечеринке и не скоро вернется, - сиди без опаски...

- Ох, касатка, всполохнулась я добре, - вымолвила гостья, отдуваясь и прикладывая ладонь к левому боку, - ну, кабы он, беда, думаю; - серчает он на меня... а сама не знаю за что... провалиться мне, стамши, коли знаю...

Но речь Домны снова была прервана таким страшным грохотом под воротами, у плетней и под навесами, как будто буря, собрав все силы свои, разом ударила на избу старосты.

- С нами крестная сила!- пробормотала хозяйка дома, творя крестное знамение.

- Ох, не к добру, родная, - проговорила Домна, крестясь в свою очередь, - слышь, как вдруг все загудело... Ох, вот так-то, как шла я к тебе... иду, вдруг, отколе ни возьмись, замело меня совсем и зги не видно; куда идти, думаю, и сама не знаю; стою это я, касатка, слышу, кто-то словно подле меня всплакался... да жалостливо так... Ох, не к добру...

Мало-помалу, однако же, и хозяйка, и гостья успокоились. Буря пронеслась мимо. Старостиха бережно заперла двери и снова села на лавочку; Домна откашлянулась, нагнулась к ее уху и стала что-то нашептывать.

IV

Чижик-пыжик у ворот,
Воробышек махонькой...
Эх, братцы, мало нас!
Голубчики, немножко...

Иван-сударь, поди к нам,
Андреевич, приступись...

Народная песня

Параше страх, однако ж, прискучило сидеть под окнами своей избушки. В первое время после того, как проводила она маленьких сестер и братьев за ворота, ее радовало, что привелось, по крайней мере, раз посидеть свободно на улице, что, может статься, удастся хоть издали прислушаться к веселым песням подруг; полная таких мыслей, она не замечала скуки, пока, наконец, не увидела ясно, что ожидания обманули ее. Сколько ни напрягала она внимания, всюду слышался рев бури, которая, врываясь поминутно в деревню, грозно завывала, метаясь из конца в конец улицы; глухая ночь царствовала повсюду; изредка лишь, проникая мрак, сквозь снежную сеть, мелькали кое-где, как искры, огоньки дальних избушек. Параша не понимала, куда так скоро могла деться резвая толпа ребят и девушек, недавно еще шумевших под ее окнами.

"Неужто запугали их метель и холод? - подумала она, стараясь проникнуть в сотый раз темноту, ее окружавшую; - чего ж тут бояться?.. О! если б только дали мне волю присоединиться к ним, я бы всех их пристыдила. А может быть, они забились в избы, не страха ради, а ради забавы... Я чай, гадают они или наряжаются... куда как весело!.." Параша взглянула на окно своей избушки и загрустила еще сильнее прежнего. Не смея ослушаться матери, но со всем тем не желая вернуться в скучную избу, она подошла к завалинке, оттоптала снег в углу, между стеною и выступом бревен, прикуталась с головою под овчинным своим тулупчиком и, съежившись клубочком, как котенок, закрыв глаза, принялась с горя умом раскидывать. Она мысленно переносилась в каждую избу; там невидимкою присутствует она посреди веселого сборища; тут прислушивается к говору парней, здесь подруги наряжают ее: она смотрится в крошечное оправленное зеркальце, глядит и глазам не верит, как пристала к ней высокая шапка с золотом, синий кафтан и красная рубаха с пестрыми ластовицами; в другом месте... но не перечесть всего, о чем думает молоденькая девушка. Кончилось тем, что Параша не утерпела, сбросила с головы овчину, заглянула в окно к матери и, убедившись, вероятно, что с этой стороны не предстояло опасности, соскочила с завалинки и украдкою подобралась к соседней избе.

Изба эта, - хилая лачужка, занесенная почти доверху снегом, отделялась всего-навсе от избы старосты длинным навесом, а Параше стоило сделать несколько прыжков, чтобы очутиться под единственным ее окошком.

Девушка прильнула свеженьким своим личиком к стеклу, сквозь

которое проникал огонек, и, затаив дыхание, долго смотрела на внутренность избушки. Но и тут, казалось, ожидания обманули ее. Параша нахмурила тоненькие свои брови и думала уже вернуться назад, когда совершенно неожиданно до слуха ее коснулся чей-то тоненький голосок. Голос выходил из-за ближайшего овина; Параша притаилась в угол и стала вслушиваться; голос, очевидно принадлежавший женщине, напевал, между тем, протяжно:

> Ай, звезды, звезды,
> Звездочки!
> Все вы, звездочки,
> Одной матушки,
> Бело-румяны вы
> И дородливы!..
> Гляньте, выгляньте
> В эту ноченьку!..

"Это, должно быть, Кузнецова Дунька загадывает себе счастье...- подумала Параша,- но где же видит она звезды? - продолжала она, закутываясь в тулупчик и поднимая кверху голову, - ух! как темно и страшно... ну, долго же придется ей ждать звездочку... А что, все ведь нынче гадают... дай-ка и я себе загадаю... что-то мне выпадет?" Последнее заключила она, стоя уже подле своей избы; она оглянулась сначала на все стороны, потом обратилась снова почему-то к соседней лачужке и произнесла нараспев:

> Взалай, взалай, собачонка,
> Взалай, серенький Волчок!
> Где собачка залает,
> Там и мой суженой...

Но каково же было удивление девушки, когда с соседнего двора, как нарочно, отозвался лай собаки. Лай замолк, а Параша все еще стояла, как прикованная на месте; сердце ее билось сильнее; не доверяя своему слуху, она готовилась повторить песню; но голоса и хохот, раздавшиеся внезапно с другого конца улицы, привлекли ее внимание.

- Тащи каженника, тащи его! что он взаправду артачится... Тащи его, ребятушки, пущай наряжается с нами... тащи его, не слушай!- кричал кто-то, надрываясь со смеху.

Параша бросилась сломя голову на завалинку, вытянула вперед голову и, казалось, боялась проронить одно слово. Голоса и хохот приближались

94

с каждою минутой; вскоре различила она толпу, которая направлялась прямо к ее избе.

- Ребята, никак, у старосты огонь! катай туда!- закричал тот же голос, по которому Параша тотчас же узнала первого озорника деревни Гришку Силаева.- Полно тебе, Алешка, козыриться, не топырься, сказано, что не выпустим, так стало, так и будет; полно тебе слыть каженником, пришло время развернуться, мы из тебя дурь-то вызовем... Тсс! тише, ребята, ни гугу; девки, полно вам шушукаться, никак, кто-то сидит у старосты на завалинке...

- Девушки, касатушки... ох!..-заговорило в одно время несколько тоненьких голосков.

- Ну, чего вы жметесь друг к дружке, чего? небось, не съедят, - шепнул Гришка Силаев, - ступайте за мной...

И толпа наряженных, стиснувшись в одну плотную кучку, пододвинулась ближе. Гришка сделал шаг вперед и вдруг залился звонким, дребезжащим хохотом.

- Э! так это вот кто! здравствуй, старостина дочка,- произнес он, снимая обеими руками шапку и кланяясь Параше чуть не в ноги.

- Девушки, касатушки, и вправду она!- воскликнули девушки, окружая подругу. - Что ты здесь делаешь? пойдем с нами, полно тебе сидеть; смотри, как мы нарядились! пойдем...

- Нет, мне нельзя... я и рада бы, да, право, нельзя, касатушки... того и смотри, матушка позовет...- отвечала Параша, заглядывая вправо и влево и как бы желая различить кого-то в толпе.

- А разве матушка твоя дома? - спросил Гришка.

- Дома.

- И отец дома?

- Нет, отец у Савелия на вечеринке.

Гришка радостно хлопнул в ладоши, прыгнул на завалинку и столкнулся нос с носом со старостихою, которая совершенно неожиданно отворила окно и высунулась на улицу. Гришка свистнул и бросился в самую середину толпы, которая откинулась в сторону.

- Ах вы, проклятые!.. Кто там?.. Чего вам надыть?.. Пошли прочь, окаянные!.. Парашка! Парашка! что те не докличешься... ступай в избу, где ты? о! постой, я тебя проучу.

Парашка откликнулась, набросила на голову полушубок и, вздохнув, отправилась к воротам.

- Параша!- крикнул ей вслед Гришка, - кланяйся маменьке, целуй у ней ручки; скажи, что все, мол, мы, слава богу, здоровы и ей того мы желаем...

- Ах ты охлестыш поганый!- взвизгнула старостиха, высовываясь по грудь из окна, - погоди, постой, я тебе дам знать!

- Что ты, маменька, глотку-то дерешь?.. не обижайся, за добрым делом к тебе, родная...- отозвался Гришка, пробираясь украдкой с огромным комком снега под полою, - приходили звать тебя в гости; не равно обознаешься; ищи ты нас вот как: ворота дощатые, собака новая, в избе два окна, как найдешь, прямо придешь!- заключил он, пуская комок в старостиху, которая успела, однако ж, вовремя захлопнуть окно.

Толпа захохотала.

- Эх, промахнулся!- произнес Гришка, отряхая руки, - а жаль, кабы не обмишурился, было бы чем закусить... ишь ее, баба-яга какая... Ребята, назло же ей, слушай: старосты нет, пойдемте к ней в избу... выворотим каженнику овчину, он будет медведем, а я вожаком; ладно, что ли? Ну, Михайло Иваныч, поворачивайся, да не пяль глаза в стороны, сказано не выпустим, пойдешь с нами!- прибавил он, стаскивая полушубок с плеч молодого парня, который, впрочем, довольно охотно поддавался.

- А ну, быть стало по-вашему!- неожиданно воскликнул молодой парень, отрывая глаза от старостина окна и принимая как будто решительное намерение,- давайте овчину, я сам выворочу... Ну, так, ладно, что ли!- заключил он, просовывая руки в рукава вывороченной овчины и тяжело поворачиваясь перед толпою, которая разразилась звонким смехом.

- Ай да молодец!- заревел Гришка, топая в восторге ногами. - Я вам говорил: на него только наговорили, какой он каженник! Давай другую овчину, закутаем ему голову! Так. Ну-кась, Михайло Иваныч: а как ребята за горохом хаживали... ну-у-у!.. ай да Алеха! Я говорил вам, не сплохует! Он только прикидывался тихоней, а они ему верили... Ребята, стойте!- крикнул Гришка, останавливая толпу, которая уже двинулась к воротам старостиной избы, - стойте; по-моему, вот что: дайте ей, старой ведьме, опомниться; она теперь взбеленилась, так уж заодно придется ей серчать... дадим-ка ей лучше простыть, да тогда, на спокой-то, и потревожим ее, пущай де знает! Пойдемте, как есть, следом к Савелью, теперь пир горой; народу там гибель, потешимся на славу, а там сюда добро пожаловать... так, что ли?..

- Пойдемте, пойдемте!- отозвались все разом.

И толпа, повернувшись лицом к ветру, весело понеслась за Гришкой на другой конец деревни. Но не достигла она и половины дороги, как вдруг буря, смолкнувшая на время, снова ударила всей своей силой; все помутилось вокруг, и ряженые наши не успели сделать одного шагу, как уже увидели себя окруженными со всех сторон вихрем.

- Держись, не вались!- крикнул Гришка, сгибаясь в три погибели и становясь спиною к метели,- наша возьмет, стой крепче, не робей! Эй вы, любушки-голубушки, - присовокупил он, пробираясь к девушкам,- что пришипились? играйте песни!..

- Полно тебе, Гришка... Ох, девушки, страшно! ох, касатушки, страшно!- раздавалось то с одной стороны, то с другой.

- Страшно... у! у! у!..- произнес Гришка, становясь на четвереньки и принимаясь то хрюкать свиньею, то выть волком.- Ой! девушки, смотрите-ка, смотрите... вон ведьма на помеле едет, ей-ей, ведьма, у! смотри, сторонись, - хвостом зацепит.

Девушки, прятавшиеся друг за дружкою, подняли головы и вдруг испустили пронзительный крик. В стороне, за метелью, послышался действительно чей-то прерывающийся, замирающий стон... В эту самую минуту ветер рванул сильнее, вихрь пронесся мимо, и в мутных волнах снега, между сугробами, показался страшный образ старика с распростертыми вперед руками.

Но толпа успела уже разбежаться во все стороны.

V

За дубовы столы,
За набранные,
На сосновых скамьях,
Сели званые.
На столах - кур, гусей
Много жареных,
Пирогов, ветчины
Блюда полные!

А. В. Кольцов

Между тем пирушка у Савелия шла на славу; народу всякого, званого и незваного, набралось к нему такое множество, что, кажись, пришел бы еще один человек, так и места бы ему недостало. Даже под самым потолком торчали головы; последние, впрочем, принадлежали большею частью малолетним парнишкам и девчонкам, которые, будучи изгоняемы отовсюду, решительно не знали уже куда приткнуться. И как, в самом деле, сидеть дома, когда у соседа вечеринка, да еще в какое время - в святки? Того и смотри, нагрянут ряженые, пойдут пляски, песни... деревенским ребятам все в диковинку! И вот, томимые любопытством, пробираются они сквозь перекрестный огонь пинков и подзатыльников, карабкаются на лавки, всползают на печку и полати, мостятся друг на дружку, лишь бы поглядеть на веселье. Между ними попадаются такие бойкие, которые, не зная, куда девать маленького братишку, заснувшего у них на руках, забрались вместе с ним на зыбкую перекладину и висят себе как ни в чем не бывало!

В избе жарко как на полке; никто, однако ж, не думает отступать к двери; каждый, напротив того, норовит изо всей мочи как бы протискаться вперед, к красному углу, где происходит угощение. Там, за столом, покрытым рядном, обложенным по краям ложками и обломками пирогов и хлеба, сидели гости званые и почетные. На самом первом месте, под образами, в которых дробился свет восковой свечки вместе со светом сального огарка, воздвигнутого на столе, бросался прежде всего в глаза мельник и жена его, оба толстые, оба красные, как очищенная свекла. Подле них, по правую руку, сидел пономарь из чужой вотчины, долговязый, рябой как кукушка, косой как заяц, с вострым обточенным носом и коротенькой взъерошенной косичкой на затылке; жар действовал на него совсем иначе, чем на мельника: он, казалось, сушил и коробил его как щепку. Подле пономаря сидел сотский, - крошечный, мозглявый старикашка лет семидесяти пяти, но живой и вертлявый, щупавший поминутно то медаль на груди форменной инвалидной шинели, то дергавший себя за кончики седых волос, изредка торчавших по обеим сторонам лысины; слезливые глаза его щурились постоянно, тогда как рот, украшенный одними деснами, был постоянно открыт и сохранял такое выражение, как будто сотского парил кто-то сзади наижесточайшим образом самым жгучим веником. По левую руку мельника находился знакомый уже нам староста и рядом с ним хозяин дома - рыжий, плечистый мужик, такой же толстый почти, как мельничиха. С обоих пот катил градом, но оба не замечали этого и, казалось, были очень довольны соседством друг друга, потому что то и дело обнимались. По обеим сторонам описанных лиц, на лавочках, подле стола и немного поодаль, сидели еще гости, тоже званые, но менее почетные. Тут были старики, и молодые, и бабы с их ребятами; все они расположились семьями: где муж с женой, где старуха со снохой. Каждая семья явилась в гости с своей чашкой и ложкой; радушие хозяев ограничивалось снабжением съестного, и так как хозяйка приготовила кисленького и солененького вволю, а хозяин припас чем и рот прополоснуть, то гости были очень довольны. Немолчный говор, восклицания, хохот, раздававшиеся вокруг стола, свидетельствовали о довольстве присутствующих. Но всех довольнее был, по-видимому, все-таки сам хозяин.

- Александр Елисеич, сват! кумушка Матрена Алексеевна! Кондратий Захарыч! еще стаканчик, милости просим, понатужьтесь маленько...- кричал Савелий, приподнимаясь поминутно со штофом в одной руке, со стаканом в другой и кланяясь поочередно каждому из гостей своих. -

Александр Елисеич, что ж ты, откушай, - полно тебе отнекиваться, ну, хошь пригубь,- прибавил он, обращаясь настойчивее к мельнику, который пыхтел, как бык, взбирающийся на гору.

- О-ох! не много ли, примерно, будет, Савелий Трофимыч, - отвечал гость, но взял, однако ж, стакан, тягостно возвел к потолку тусклые, водянистые глаза свои, испустил страдальческий вздох и, проговорив: "Господи, прости нам прегрешения наши!" - выпил все до капельки.

- Гости дорогие, милости просим! Данила Левоныч, ты что? Аль боишься уста опорочить? Пей, да подноси соседу, - продолжал Савелий, передавая штоф старосте и подмигивая на пономаря, который сидел, раскрыв рот, как птица, умирающая от жажды, что не мешало ему, однако ж, усердно вертеть левым глазом вокруг мельничихи. - Дядя, а дядя, дядя Щеголев! полно тебе раздобарывать, успеешь еще наговориться... Эх, а еще куражился: всех, говорил, положу лоском! что ж ты?.. Храбр, видно, на словах!- заключил Савелий, протягивая руку к сотскому, который рассказывал что-то мельнику.

- Подноси, подноси знай, да не обноси, - захрипел старикашка, заливаясь удушливым, разбитым смехом; он взял стакан, бодро привстал с места, произнес: "Всем гостям на беседу и во здравие!" - выпил вино, крякнул и постучал себя стаканом в голову.

- Вишь, балагур, занятный какой; ай да Щеголев!- раздалось со всех концов посреди хохота.

- Так как же тяжко, примерно, вам было в ту пору? - спросил мельник, когда уселся Щеголев.

- А ты думаешь как? - возразил Щеголев, бодрившийся и делавшийся словоохотливее по мере того, как штофы пустели; куда жутко пришлось: народ весь разбежался; избы, знаешь ты, супостат разорил, очистил все до последнего зернышка; сами прохарчились... захочешь пирожка, ладно, мол,- льду пососешь; захочешь щец, - водицы похлебай, а другого и не спрашивай!..

- А что, примерно, бывал сам в сражении? - перебил мельник, выставляя вперед подбородок и осеняя рот крестным знамением.

- И-и... Александр Елисеич, спросите, где он только не был, каких сражений не видал, ходил под Кутузовым против француза, подлинно любопытствия всякого достойно!- произнес пономарь, значительно обводя косыми глазами компанию и потом стараясь снова остановить их на мельничихе, которая переминалась на одном месте, как откормленная гусыня.

- Так ты Кутузова-то видал? сказывают, сильный, примерно, был человек...- спросил мельник, глубокомысленно насупивая брови.

- Кутузова-то!- воскликнул Щеголев, заливаясь снова разбитым своим смехом и хорохорясь несравненно более прежнего. - А ты думаешь как!

Как сядет, бывало, на коня... ух! ничего, говорит, не боюсь! Сам батюшка-царь его жаловал, раз на параде собственноручно целовал его. Русак был, настоящий русак! Кутузов, говорит ему, возьми себе за услуги твои Смоленское... возьми уж, говорит, и Голенищева в придачу! Вот так настоящий был воин! Ничего, говорит, не боюсь! Куда ни покажется, - так лоском и кладет супостата! Как ты думаешь: сам на коне сидит, а над ним, слышь ты, орел летит... ничего, говорит, не боюсь!..

- Ну, а сам-то ты, сам бывал в сражениях? Страшно, чай? - продолжал расспрашивать Александр Елисеич.

- Чего страшно! ничего не страшно: француз ли, супостат ли... пали, да и только! Бей его, врага-супостата!- крикнул Щеголев, ударив кулаком по столу.

- Я чай, в пушку ударили? - вымолвил пономарь, взглядывая из-за мельничихи.

- В пушки ударили, в барабаны забили, - пули и картечи летели нам навстречу!- подхватил Щеголев, отчаянно потряхивая головою, в которой начинала уже бродить нескладица.

- Лександр Елисеич, еще стаканчик, полно тебе спесивиться,- откушай!- перебил Савелий.

- Нет, Савелий Трофимыч, надо настоящим делом рассуждать, ей-ей, примерно не по моготе...

- Кондратий Захарыч, милости просим!

- Много довольны, кушайте сами; много довольны вашим угощением,- отвечал пономарь, принимая стакан и раскланиваясь на стороны.

- Кума Матрена Алексеевна, не обессудь, просим покорно, - продолжал хозяин, оскабляя зубы на мельничиху, которая сидела, понурив голову, с видом крайнего изнеможения, - понатужьтесь еще; дай тебе господи долго жить да с нами хлеб-соль водить...

Мельничиха допила вино, потупила глаза и прокатила стакан по столу, что значило, что она напрямик отказывалась.

- Сват Данила, угощайтесь, - ну, первинка тебе, что ли!..

- Так и быть, согрешу, - обижу свою душу, - выпью во здравие и многолетие!..

- Вот так-то... Эй, Авдотья, давай перемену!- крикнул хозяин, упираясь спиною и локтями в толпу, которая чуть не сидела на его шее, и оборачиваясь назад к печке, где слышался писклявый говор баб и звяканье горшков.

- Сейчас!- отозвался пронзительный голос, покрывший на минуту шум гостей.

Вслед за тем послышались звуки, похожие на то, когда ломают щепки, но означавшие в сущности, что хозяйка отвесила несколько подзатыльников ребятам, осаждавшим блюда. Минуту спустя из середины толпы выступила жена Савелия, сопровождаемая двумя снохами, державшими в каждой руке по огромной чашке.

- Куманек, сватушка, кушайте, угощайтесь, милости просим; кумушка, Матрена Алексеевна, прикушай, касатка, ты у нас дорогая гостьюшка, - сказала хозяйка, сухая, высокая баба с сморщенным лицом и провалившимися губами, которые корчились и ежились, чтобы произвести приветливую улыбку.- Кушайте, родные вы мои, - не судите хлеб-соль, укланялись, угощаючи вас, - продолжала она, отвешивая маховой поклон мельничихе, тогда как обе снохи подставляли чашки гостям, сидевшим со своими ложками на лавках.

- Много довольны вашим хлебом и солью! спасибо за ласки и угощенье, дай тебе и деткам твоим всяческого благополучия от царя небесного!- раздалось отовсюду.

- Авдотья, давай перемену!- крикнул снова Савелий, начинавший покачиваться во все стороны, несмотря на то, что сильно упирался на старосту.

- Кумушка, Матрена Алексеевна, не побрезгай, возьми хоть орешков, хоть орешков возьми... - говорила хозяйка, кланяясь и поднося чашку с орехами мельничихе. - Возьми, не прогневайся, возьми, ужотко деткам твоим зубки позабавить, себе на потеху...

- Пули и картечи... летели... к нам навстречу!- проборотал неожиданно Щеголев, поднимая голову.

- Ну, господь с тобой, касатик, - отвечала хозяйка,- кушай во здравие!..

- Авдотья, давай перемену!- крикнул снова Савелий.- Эге... ге... брат Щеголев, - присовокупил он, размахивая руками пред сотским, который клевал носом корку пирога, - что ж ты хотел-то всех лоском положить?..

- Давай!..- прохрипел Щеголев, болтнув головою, как будто кто дал ему подзатыльника. - Ничего не боюсь!.. пули... картечи... летели...

- Эй, Кондратий Захарыч, о чем вы тут толмачите? - заключил Савелий, махнув рукою и поворачиваясь к пономарю, который разговаривал с мельником.

- А вот, Александр Елисеич рассказывал, какой случай вышел с шушеловским мужиком, Кириллой Власовым; небось ты его знаешь?

- Трафилось видеть. А что за случай такой?

- Да не сегодня, так завтра помрет, за попом посылали...

- Ой ли? да с чего так?..-спросило несколько голосов.

- Расскажи, Александр Елисеич, - шепнул пономарь, любознательно вглядываясь одним глазом в мельника, тогда как другой глаз не менее любознательно вновь устремился на мельничиху.

- А вот что, - начал мельник, останавливаясь на каждом слове, чтобы перевести одышку, - недели три тому будет, пошел как-то Кирилла на

Каменскую мельницу; дело было к вечеру, гораздо уж смеркалось; взял, примерно, шапку, пошел. Пришел, примерно, на мельницу, помолился, взял мешок с мукой и идет домой. Время стояло, как нынче, метель, примерно, такая буря, - зги не видать, - продолжал Александр Елисеич, посматривая поочередно то на того, то на другого, тогда как присутствующие, подстрекаемые любопытством, двигались к нему й вытягивали шеи; - вот стал он подходить к лесу, миновал было половину, вдруг слышит, кто-то кликнул его по имени. "Кирилла Власов!" - зовет, примерно, как словно какой знакомый человек либо сродственник... Он глядь - никого. В другой раз, он опять остановился, - опять никого... "Кто там?" - крикнул. Никто, примерно, не откликается... Чтой-то за диво!.. Вот он опять пошел; что ни шаг ступит, зовет его кто-то по имени, да и полно!.. Вот приходит он домой; сел, поел, лег на печку - не спится... словно, говорит, мутить меня стало... Ну, нечего делать, встал это он, сел на лавку и стал, примерно, сумлеваться. Кто, говорит, звал меня в лесу?.. Стал это он так-то сумлеваться, вдруг слышит - стучат в окно... "Кто? - говорит,- кого надыть?.." - "Пусти, Власыч, пусти, примерно, переночевать!" - отозвалось за окном. Как услыхал, говорит, так индо по закожью меня и дернуло, вся кровь, говорит, запечаталась во мне... слышу, говорит, тот же голос, что звал меня в лесу...

- Подлинно диковинное дело и всякого любопытствия достойно!- произнес со вздохом пономарь, обращая на этот раз оба глаза на соседку. Но только что успел он это сделать, как оба глаза его вместе с глазами мельника и всех присутствующих устремились в одно мгновение на уличное окно.

В окне послышался стук. Все оглянулись и невольно попятились назад. Стук в окне повторился.

- Ну, чего вы?..- крикнул Савелий, обращаясь к бабам, которые с визгом побросались в сторону.- Кума! Матрена Алексеевна! полно тебе!- присовокупил он, встав с места и подталкивая мельничиху, которая повалилась всею тяжестью на сотского и притиснула долговязые ноги пономаря, успевшего уже прыгнуть на лавку.- Ну, чего вы! эк! ишь их! (Тут Савелий повернулся назад к двери, где происходила какая-то каша, в которой все двигалось, кричало и тискалось.) Куда вы? - стойте, я погляжу пойду!..

Савелий сделал шаг к окну, но стук раздался снова, сопровождаемый на этот раз голосом, от которого вздрогнули в самых дальних углах избы.

- О-ох! касатик, Савелий Трофимыч, не ходи! с нами крестная сила!- проговорила хозяйка, вцепившись в мужнину рубаху.

- Кто там? - крикнул, что есть мочи, Савелий.

- Про-хо-жий...- отвечал дрожащий, прерывающийся голос.

- Чего надыть? - гаркнул Савелий.

- Пусти... перено... чевать... озяб...- отвечал голос, заглушаемый ревом метели.

- Ступай, ступай! коли ты добрый человек, - сердито отозвался Савелий, делая шаг к окну. - Ступай подобру-поздорову, много вас шляется; проваливай, проваливай... здесь не место, ступай!.. Эй, Александр Елисеев, Данило! кума! гости дорогие! что ж вы, аль не слышите? чего всполохнулись! это, должно быть, какой-нибудь христарадник, а вы и взаправду подумали... садитесь, милости просим... ишь нашел время таскаться да грызть окна...

- Да ты, касатик, посмотри в окно!- сказала хозяйка, робко выглядывая из толпы.

- Чего смотреть! говорят тебе толком - нищенка!

- Ох, нет, родной, нет, Савелий Трофимыч, обойди-ка вокруг двора, оно вернее, обойди, касатик!- раздалось в толпе баб.

- Ну, пошли... с вами не столкуешь!.. Эй, Александр Елисеич, сват Данило, Кондратий Захарыч, полно вам; кума, Матрена Алексеевна, просим покорно, просим не сумлеваться, чего вы взаправду переполошились, садитесь!- говорил Савелий, усаживая гостей, которые, не слыша более шума за окном, начинали мало-помалу ободряться. - Авдотья, давай перемену!..

Гости, ободренные окончательно тишиною, водворившеюся за окном, уселись по-прежнему на свои места; мельничиха освободила задыхающегося Щеголева, пономарь завертел снова левым глазом вокруг соседки, на столе появились два новые штофа, снохи переменили чашки на ковши с суслом и брагою, и веселая вечеринка, прерванная на время, продолжалась на славу радушным хозяевам.

VI

Ах, ты сей, мати, мучину, пеки пироги,
Слава!
Как к тебе будут гости нечаянные,
Слава!
Как нечаянные и незваные,
Слава!
К тебе будут гости, ко мне женихи!..
Слава!

Народная песня

103

- Ребята!.. эй!.. где вы? - крикнул Гришка Силаев, останавливаясь на другом конце улицы и оглядываясь во все стороны.

Он приложил указательные пальцы обеих рук к губам, испустил дребезжащий, пронзительный свист и стал прислушиваться.

- Кто тут? - робко отозвалось несколько тоненьких голосков подле соседних ворот.

Гришка повернулся к воротам и свистнул во второй раз.

- Гришка, ты? - повторили те же голоса, и вслед за тем из-за саней выглянула сначала одна голова, потом другая и, наконец, показался парень и несколько девушек.

- Я, я... ступайте сюда, не бойтесь... кто это? - воскликнул Гришка, достигая их одним прыжком и принимаясь ощупывать круглое лицо парня.- Э-э! Петрушка Глазун! смотри ты, куда затесался, - с девками!..

- Я нарочно побежал с ними... они, вишь, задумали по домам разойтись...

- Ну, ладно, ладно, пойдемте!..

- Ох, касатушки, страшно, ох, девушки, страшно! Гришка, куда ты нас тащишь! а ну как опять встренется...-проговорили девушки, прижимаясь друг к дружке и боязливо выглядывая из-за полушубков.

- Ну, вот, полно вам ломаться, пойдемте; лих его, пущай встренется; вы и взаправду думаете леший какой али ведьма...

- Вестимо, чего бояться, - произнес в стороне мягкий голос, по которому все присутствующие узнали тотчас же Алексея-каженника, - должно быть, нам так почудилось, а не то верно какой-нибудь побирушка,- прибавил он, присоединяясь к толпе.

- Ай да Алеха! молодца, право слово - молодца! Девки! скажите: с чего он так расходился? отколе прыть взялась?.. Ну, идемте, что ли?..

И Гришка, сопровождаемый девками, Петрушкой и Алексеем, который еле-еле передвигал ноги, запрятанные в рукава вывороченного полушубка, стал пробираться подле изб.

- Эй, ребята, девки! выходите, полно вам!- кричал он, останавливаясь поминутно и оглядываясь на стороны.

- Кто там!..

- Выходи, - чего спрашиваешь, - ступай, так увидишь!

- Да как же звать?..

- Зовут зовуткой, а величают уткой!

Раздался хохот, и толпа увеличивалась новым озорником. Таким образом, разбежавшиеся парни и девки примыкали один за другим к ряженым, и толпа не успела дойти до конца деревни, как уже почти все оказались налицо.

- Чего оглядываетесь на стороны! небось, леший-то давно лыжи навострил, - так испугали его наши девки, - куда прытки голосить!-

сказал Гришка, останавливая толпу,- ну, все ли здесь?.. Бука, ступай сюда; ты, коза, пойдешь следом за букой; каженник, становись здесь, я тебя поведу; а за ним баба-яга; баба-яга... ну поворачивайся, да смотри не плошай...- прибавил он, повертывая за плечи долговязого парня в поняве, с платком на голове и сидящего верхом на помеле.

- А куда нам идти-то? - спросил кто-то.

- Сказано, к Савелию.

- Нет, ребята, - слушай, Гришка! пойдемте лучше в другую избу, - туда не проберешься; я было сунулся - куда те: в сенях народ стоит...

- И то, пойдемте-ка лучше, коли уж идти, пойдемте к старосте, как прежде хотели, - вымолвил Алексей.

- Слышь, ребята, слышь, что говорит каженник; ай да Алеха!- закричал Гришка, - что-то, братцы, я заприметил, больно он расходился нынче; никогда такого не бывало!.. должно быть, неспроста... Слышь, как его раззадоривает идти к старосте; уж не Парашка ли тому виною... пойдем да пойдем!.. А ну, быть, как сказал каженник,- качай!..- И Гришка, подпершись в бока, выступил вперед и запел, приплясывая:

Чижик, пыжик у ворот,
Воробышек махонький...
Эх, братцы, мало нас,
Голубчики, немножко!..

- Тише, Гришка, что ты орешь!- услышит старостиха, не пустит нас...

- Небось! метель гудит - не услышит! Смотри только, ребятушки, не обознаться бы нам...

- Ну вот! тише, говорят! разве не видишь, - вот и изба...

- Ребята, стой!- шепнул Гришка, снова останавливая толпу; - у старосты огонь, поглядите, кто у них в избе; не вернулся ли хозяин!..

- Нет, вижу!- отвечал так же тихо Петрушка, взобравшийся на завалинку, - никого нет; сидят старуха да дочь...

- Ладно, подбирайся к воротам; тихонько, смотри... так, ладно... Братцы, никак, калитка-то заперта... стой! Кто из вас цепкий, - полезай через ворота да сними запор.

- Давай я полезу, - сказал Алексей, двигаясь к воротам.

- Нет, ты и коза не трогайтесь с места; Петрушка, ступай сюда!- шепнул Гришка, подставляя спину.

Петрушке чехарда была в привычку; он прыгнул на плечи товарища, уцепился руками за перекладину ворот и, минуту спустя, бухнулся в сугроб, по ту сторону ворот. Шест, припиравший калитку, был снят, и толпа, затаив дыхание, начала пробираться по двору старосты к крылечку.

- Тсссс...- произнес Гришка, останавливаясь на крылечке и подымая руку кверху, - дверь заперта изнутри!.. ничего, молчи, я дело справлю: смотри только, как свистну, все за мной в одну плетеницу, да не робей, дружно!

Сказав это, он ударил кулаком в дверь. Минуту спустя, в сенях послышались шаги.

- Кто там? - спросила хозяйка.

- Отворяй!- отвечал Григорий, подделываясь под голос старосты.

- Ты, Левоныч?

- Отворяй, говорят... аль не признала? - продолжал Гришка, стараясь прикинуться пьяным.

Старуха проворчала что-то сквозь зубы и загремела запором; вслед за тем она выглянула на крылечко, но в ту же секунду над самым ее ухом раздался пронзительный свист, и не успела она крикнуть, как уже толпа ринулась в сени, сшибла ее с ног и ударилась с визгом и хохотом в избу.

- Ай, батюшки, режут! ай, касатики, режут!- завопила старуха, бросаясь как угорелая в угол сеничек и забиваясь между корытами и досками...

Страх ее не был, однако ж, продолжителен; заслышав песни, пляски и хохот, раздавшиеся в избе, она высвободилась из засады и кинулась к растворенной настежь двери. Увидя толпу ряженых и дочь, стоявшую посреди их с веселым, смеющимся лицом, старостиха окинула глазами сени, - но, не найдя, вероятно, ни кочерги, ни полена, метнулась в избу и прямо повалилась на медведя который переминался с ноги на ногу, стоя перед Парашею.

- Ах, ты, разбойник! ах, ты, окаянный!- взвизгнула она, принимаясь тормошить медведя, который не двигался с места, не сводил глаз с девушки и, казалось, не замечал, что происходило вокруг.

- У... у... у!- захрипел бука, вынырнул неожиданно из-за медведя и, став между ним и старостихою, простер к ней руки, обернутые соломой.

- Бя... бя... бя!- затрещала коза, дергая ее сзади.

- Бу... у... у... - ревел бык, пыряя ее рогами.

- Кудах! кудах, ирр... ирр...-зашипел, откуда ни возьмись, журавль, то есть долговязый, плечистый парень, у которого рука была притянута к голове и все это окутано было рогожей, - ирр...-присовокупил журавль, тыкая ее в бок веретеном, изображавшим клюв.

- Пострелы! черти! собаки!- вопила старостиха, отбиваясь руками и ногами.

- Полно, тетенька, не серчай, - запищала скороговоркою баба-яга, заметая след помелом и смело наступая на старуху, которая задыхалась от злобы,- слушай: загадаю тебе загадку: двое идут, двое несут, сам-треть поет... Не любо?.. изволь другую; под лесом-лесом пестрые колеса висят, девиц украшают, молодцов дразнят... Не угадала?.. Серьги, тетенька, серьги.

- Поди прочь, леший!- крикнула старостиха, замахиваясь обеими руками на бабу-ягу, но, оглушенная визгом и хохотом, в ту же минуту обратилась к толпе девушек.- А вы, бесстыжие! погоди, постой! о! Грушка Дорофеева, я тебя признала, - ах ты, срамница!- прибавила она, бросаясь на толстенькую девушку, прятавшуюся за подруг; но Груша нырнула в толпу, толпа раздвинулась и старостиха прямехонько наткнулась на Гришку, козу и медведя, которые вертелись вокруг ее дочери.

- Ну-кось, Михайло Иваныч, - заговорил Гришка, размахивая палкою так ловко, что старостиха никак не могла приступиться, - потешь, покажи господам честным и хозяйке дорогой, как малые ребята горох воровали... А ну, поворачивайся!- крикнул он, дернув за веревку, привязанную к поясу медведя, который все-таки не двигался с места и не отрывал глаз от Параши. - А ну, ну, полно, аль приворожила тебя красная девушка... ну, коза, валяй, начинай!.. Михайло Иваныч, что ж ты взаправду уставился, не кобенься, кланяйся хозяюшке молодой, да в самые ножки!- присовокупил Гришка, опуская палку на плечо медведя, который на этот раз повалился охотно в ноги Параше.- Так: ну, коза, живо!..

Тут Гришка, продолжая размахивать палкой, пустился вприсядку вместе с козою, припевая скороговоркою:

> Антон козу ведет,
> Антонова коза нейдет;
> А он ее подгоняет,
> А она хвостик поднимает...
> Он ее вожжами,
> Она его рогами...

Старостиха кричала, бранилась, но уже никто ее не слушал; все вокруг нее заплясало, завертелось, и трудно определить, чем бы кончилась потеха, если бы в самом разгаре суматохи не раздалось внезапно из сеней:

- Староста идет!..

Казалось, гром, упавший в эту минуту на избу, не произвел бы такого действия на присутствующих. Раздался оглушительный визг; баба-яга бросила помело, Гришка палку, журавль веретено, и все, перепрыгивая друг через дружку, как бараны, побросались в дверь, преследуемые старостихою, у которой, откуда ни возьмись, явилась в руках кочерга.

- А! разбойники! что взяли! что взяли!..- кричала она, нападая с яростью на беглецов и не замечая впопыхах медведя, который, запутавшись в своих овчинах, стоял посреди избы и оглядывал со страхом углы и лавки.

- Что взяли!- продолжала старостиха, врываясь в сени, - Левоныч! Левоныч! Держи их, не пущай, смотри держи разбойников!..

Медведь быстро оглянулся на дверь и сбросил овчину, покрывавшую голову.

- Параша, это я! не бойся...-произнес он, обращаясь к девушке, которая боязливо пятилась к печке, - спрячь меня! видит бог, для одной тебя пришел к вам. Слышь, отец идет!- прибавил он, высвобождая одну ногу из рукава овчины.

Страх Параши прошел, по-видимому, тотчас же, как только медведь показал настоящую свою голову. Раздумывать долго нельзя было; голос старосты и жены его приближался и слышался уже на крылечке. Надо было на что-нибудь решиться... Девушка взглянула еще раз на парня и указала ему под лавку. Едва Алексей успел спрятать свои ноги, как староста и жена его вошли в избу. Глаза Данилы блуждали неопределенно во все стороны, и вообще на опухшем лице его изображалась сильная тревога.

- Ну, чего ты уставился? что глаза-то выпучил?.. Тьфу! прости господи!- произнесла старуха, бросая с сердцем кочергу, - кричу ему: держи их, не пущай!..

- Ох... дай дух перевести... мне почудилось...- перебил староста, протирая глаза.

- То-то, спьяна-то черти, знать, тебе показались!.. Толком говорят - ребята были, чтоб их собаки поели! Пришли, давай, разбойники, все вверх дном вертеть; содом такой подняли, проклятые...

- Погоди... стой! я с ними справлюсь; ты скажи только, кто да кто был, - произнес не совсем твердо староста, у которого хмель отшибал несколько язык и память.

- Известно, кому больше, как не Гришке Силаеву; проклятый такой, чтоб ему...

- Ладно, ладно... а ведь мне почудилось... У Савелия, слышь ты, такую диковину рассказывали... иду я так-то домой, втемяшилось мне это в голову... а тут они, проклятые, понагрянули... не думал, не гадал... Да постой, я им задам завтра таску, особливо Гришке... я давно заприметил.

Староста не докончил речи; голова его откинулась назад, рот искривился, глаза выкатились как горошки и остановились на одной точке. Увидя что-то мохнатое, выползавшее из-под лавки, старуха с визгом вцепилась в мужа. Одна Параша не тронулась с места; она опустила только зардевшееся лицо свое и принялась перебирать край передника.

Алексей вышел из своей прятки и встал на ноги. Данило повалился на лавку; старуха закрыла лицо руками и последовала его примеру.

- Данило Левоныч, тетушка Анна, не пужайтесь! это я...- произнес Алексей, делая шаг вперед.

Заслыша знакомый голос, муж и жена подняли голову.

- Как!.. ах ты, окаянный!- воскликнула старостиха, мгновенно приходя в себя. - Левоныч, хватай его!..

- Каженник!..- проговорил староста, протирая глаза и тяжело подымаясь с места.

- Хватай его, держи!- голосила старуха, принимаясь толкать мужа.

- Полноте вам сомневаться...- сказал не совсем твердым голосом Алексей, - я не вор какой, не убегу от вас, сам дамся в руки...

- Чего тебе надыть? - заревел Данило, грозно подходя к парню.

- А! так вот как!- крикнула старостиха, кидаясь на дочь,- так вот ты какими делами... погоди, я с тобой справлюсь!

- Тетушка Анна, не тронь ее...- сказал Алексей, становясь между дочерью и матерью,- видит бог, она не причастна... я во всем причиной и винюсь перед вами.

- А вот погоди, ты у меня скажешь, зачем затесался под лавку, - вымолвил староста, хватая парня.

- Погоди, дядя Данило, постой, не замай, - я винюсь и без того...- пришел с ребятами к тебе; думали позабавиться, песни поиграть... кричат: ты идешь... все вон кинулись, я один не поспел, - вот и вся вина моя... а она, дочь твоя, Данило Левоныч, видит бог, ни в чем не причастна!..

- Да ты, дурень ты этакой, что его слушаешь! тащи его в сени... дай ему таску, чтоб помнил вперед... тащи его... ах ты охаверник, каженник проклятый!.. постой, я тебе дам знать...- голосила старостиха, подталкивая Алексея в спину, тогда как муж тащил его в сени, - так, так, так, хорошенько ему, разбойнику!..

Увещевание и разговоры были напрасны; староста и жена его стащили бедного Алексея на двор, и вскоре послышался шум свалки.

- Ну, теперь я с тобой поговорю,- начала старостиха, торопливо вбегая в избу, - ах ты, срамница ты этакая!.. Да где она?.. Парашка!- крикнула она, оглядываясь во все стороны. Увидя дочь, которая стояла на лавочке и, просунувшись по пояс в окно, глядела на улицу, старуха пришла в неописанную ярость.

- Что ты тут делаешь? - взвизгнула она, втаскивая ее в избу и замахиваясь обеими руками.

- Без тебя, матушка, постучали в окно... я отворила... какой-то человек...

- Какой человек?..

- Должно быть, нищенка...

- Какой там еще леший?..- произнес староста, входя в это время в избу.

- Нищенка, батюшка, - отвечала Параша, - просится переночевать...

- А! это, должно быть, тот самый, что стучался к Савелью да всех нас переполошил, - проговорил Данило, нетерпеливо подходя к окну, в

109

котором мелькнула бледная тень человека. - Погоди же; я тебя выучу таскаться по ночам... Чего тебе надо? - крикнул он, просовывая голову на улицу. - Отваливай, отваливай отселева, коли не хочешь, чтобы я проводил! Вишь, нашел постоялый двор, в какую пору таскаться выдумал... Погоди, я еще узнаю завтра, что ты за человек такой!.. Ступай, ступай!.. Вишь, взаправду, повадились таскаться, - промолвил староста, захлопывая окно, - прогнали с одного двора чуть не взашей, нет - в другой лезет... И добро бы время какое, а то метель, вьюга, стужа... Тут и собака, кажись, лежит - не шелохнется, а он слоняется да окна грызет... О-ох!- заключил Данило, зевая и разваливаясь на печке.

VII

Мы ходили, мы искали
Коляду, коляду,
По всем дворам, по проулочкам,
Нашли коляду
У Василисина двора.
Здравствуй, хозяин со хозяюшкой,
На долги века, на многи лета!

Народная песня

"Вот не было тоски и печали!- подумал Алексей, выходя из Старостиных ворот на улицу, - все как есть, все теперь пропало!- продолжал он, равнодушно шагая по сугробам и не обращая внимания на студеный ветер, который гнал ему в лицо целое море снегу!- И зачем было идти к ним в избу?.. Как словно не знал я, не видал,- не вернуть этим пропавшего дела. Коли прежде зароком не велели ей молвить слова, - бегала она от меня, как от волка; теперь, стало, и подавно ждать нечего... Эх, загубил я вконец свою голову!.."

Раздумывая таким образом, он не заметил, как очутился перед воротами своей избенки. Из слухового окна все еще мелькал огонек, и Алексей, не ожидавший застать старуху-мать на ногах, поспешил в избу. Но старушка предупредила его; она давно сидела настороже, прислушиваясь к малейшему шуму и шороху. Чуткий слух не обманул ее. Заслышав знакомые шаги, она суетливо поправила платок на голове, взяла лучину и, прежде чем сын успел пройти двор, стояла уж в сеничках.

- Ох, родной мой, куда это ты запропастился? - произнесла она, выбегая на крылечко и заслоняя дрожащею ладонью лучинку.- Уж я ждала-ждала; время, думаю, не доброе, не прилучилось ли чего, помилуй бог...

- Нет, матушка, ничего, - весело отвечал Алексей, взбираясь по ступенькам.

- То-то, родной... а я сижу так-то да думаю...

И старушка, улучив минуту, когда парень прошел мимо, взяла лучину в левую руку, взглянула на сына и, отвернувшись несколько в сторону, сотворила крестное знамение. После этого она догнала его, и оба вошли в избу.

Избенка была крошечная: стены ее, перекосившиеся во многих местах и прокопченные дымом, были так черны, что даже с помощью лучины едва-едва можно было различить что-нибудь в углах. Но, несмотря на то, везде, куда только проникал глаз, виднелись следы заботливости и строгого порядка; все показывало, что старушка была добрая, радетельная хозяйка. Ничто не валялось зря, где ни попало, все было прибрано к месту, земляной пол был чисто-начисто выметен; и хотя во всем виднелась страшная бедность, но все-таки лачужка Василисы глядела как-то уютнее, приветливее, теплее многих соседних изб. Наружность самой хозяйки соответствовала как нельзя лучше ее жилищу: это была крошечная, тщедушная старушонка, с вдавленною грудью, прикрытою толстой, заплатанной, но чистой рубахой. Голова ее, повязанная ветхим платком с длинными концами назади, склонялась постоянно набок, - ни дать ни взять, как кровля ее избенки. Лицо Василисы было желто и покрыто, как паутина, морщинами, но столько еще веселости отражалось в ее светлых глазах, столько добродушия проглядывало в потускневших чертах ее лица, что нельзя было не полюбить ее сразу.

Заложив в светец лучинку, она тотчас же подошла к сыну.

- Алеша, погляди-кась на меня... ты словно, касатик, не весел?..

- Нет, матушка, право, ничего, - отвечал парень, отходя к печке и принимаясь развешивать на шестке вымокшую овчину.

- Полно, родной, я вижу... не тот ты был, как вышел из дому; уж не прилучилось ли чего? - вымолвила старушка, преследуя сына и устремляя на него пытливый взгляд.

- Взаправду ничего,- сказал Алексей, стараясь засмеяться, - ходил с ребятами по соседям, везде пир такой, веселье... с чего, кажись, быть не веселу!..

- То-то, то-то, касатик, с чего тебе кручиниться... а я так-то сижу, да думаю: куда, мол, думаю, запропастился...

- Я, признаться, матушка, не чаял, что ты станешь меня дожидаться...

- Ах ты, голова, голова!.. а то как же?.. Так-таки лечь мне да махнуть рукой?.. Вспомни-ка, какой нынче вечер!.. Разве ты запамятовал, что было у нас прошлого года?.. Нут-кась, ну, раскинь-ка умом,- весело прибавила она, качая головою и не отрывая глаз от парня.

- Не помню, матушка,- отвечал Алексей, разглаживая волосы.

- Не помнишь?.. Ах ты, голова, голова, а я-то жду да жду его...

- Что же такое, матушка?.. Видит бог, не запомню...

- Ну, молчи только, молчи, коли так, - сказала она, лукаво подмигивая одним глазом. - Ставь скорее светец к столу да засвети новую лучину.

Старушка поправила платок на голове, повернулась к сыну спиною и торопливо подошла к печке.

- А! знаю, знаю!..- воскликнул Алексей, следивший с любопытством за всеми движениями матери. - Знаю, ты, как в прошлом году, хочешь кашу вынимать!- промолвил он, делая шаг к старушке, которая неожиданно показалась из-за печки с полновесным горшком в руках.

- Молчи, только молчи, - вымолвила она, отклоняя сына локтями и заботливо ставя горшок на стол. - Ну, теперь садись, да смотри, что-то пошлет нам господь... Ах, родной!.. погляди-ка, погляди, как полный!.. постой... нет, и не треснул нигде, как есть нигде!- радостно говорила она, ощупывая горшок, между тем как сын рассеянно и как-то принужденно глядел на все происходящее.- А ну-кась, ну, посмотрим, что-то скажется...

Тут Василиса бережно сняла пенку.

- Вот не чаяла, не гадала! Ахти, касатик, родной ты мой!- воскликнула она, всплеснув руками и взглянув на сына, который обнаружил тотчас же веселость. - Погляди-ка, красная какая! да рассыпчатая какая!.. Ахти, родные вы мои, да и полная-полная,- словно и не кипела... А ну, дай-то господи, кабы сбылось!..

- Что ж, по-твоему, матушка, чему же быть? - спросил сын.

- А быть, родной ты мой, делу хорошему... Ах, кабы господь подсобил нам!- отвечала старушка, творя крест. - Слышь, коли так-то, - прибавила она, указывая на горшок,- люди добрые, деды наши сказывали, - быть благополучию всему дому, будущий урожай и... и... и талантливую дочку!..

Алексей недоверчиво улыбнулся. В самую эту минуту кто-то постучался в окно.

- Слышал, Алеша?..- спросила старушка, оглядываясь в ту сторону.

- Никак, стукнули в окно, - отвечал парень, приподымаясь с лавки.

- Погоди, Алеша... Ох, с нами святая сила!..- сказала старушка, удерживая сына.

- Ничего, матушка, должно быть, из соседей кто; может статься, нужда какая; постой-ка, погляжу... Кто там? - крикнул он, прикладывая лицо свое к окну и стараясь разглядеть сквозь снеговое узорочье стекла.

С минуту продолжалось молчание, прерываемое визгом метели, которая люто завывала вокруг избушки.

- Кто там? - повторил Алексей.

- Прохожий...- отвечал трепещущий, вздрагивающий голос, - пустите... во имя Христово...- прибавил голос, делавший явные усилия, чтобы внятно произносить слова.

- Слышь? - сказал Алексей, поворачиваясь к матери.- Верно, с пути сбился за метелью; пущай его обогреется.

- Ох, касатик, - вымолвила старушка, нерешительно взглядывая на окно.

- А что ж, ведь не убудет у нас... к тому же не помирать ему взаправду на улице.

- Вестимо, родной, не убудет... Ну, господь с тобою, как знаешь, так и делай... покличь его.

- Дядя! а дядя, ступай на двор!- крикнул Алексей, стукнув в окно. - Погоди, матушка, я выйду на двор, провожу его, а то и не найдет, пожалуй...

Алексей набросил на плечи овчину и вышел на крылечко.

- Дядя! где ты? сюда ступай!- крикнул он, поворачиваясь к воротам.

Метель ревела по-прежнему, снежные хлопья, валившие со всех сторон, усиливали темноту и без того уже мрачной ночи; на дворе нельзя было различить собственной руки.

- Сюда, дедушка!.. ступай на голос!- продолжал кричать парень.

Глухой стон отозвался где-то в стороне, и минуту спустя неровные шаги зазвучали на шатких ступенях крылечка.

- Сюда, дедушка, сюда...- сказал Алексей, входя в сени и отворяя дверь избы, чтобы виднее было куда идти,- войди, отогрейся...

Прохожий вошел в избу. Алексей взглянул на него при свете лучины и невольно отступил к матери, которая попятилась к образам и перекрестилась. Перед ними стоял, едва держась на ногах, седой старик, лет семидесяти, бледный и растрепанный, похожий скорее на пришельца с того света, чем на живого человека. Страшная худоба изнеможенного лица его и бледные, совсем почти белые зрачки, глядевшие мутно и безжизненно, довершали это сходство. Он дрожал всеми своими членами; зубы его щелкали; холщовая сума, висевшая за его спиною, и мерзлые лохмотья рубища, прикрывавшие тощую его грудь, плечи и ноги, тряслись в свою очередь, следуя движениям закутанного в них тела. Он медленно поднял окоченевшие свои руки, провел ими по голове, сделав шаг вперед, хотел что-то сказать, но речь его вышла нескладна. Он глубоко вздохнул, ощупал неверными руками стену и опустился в изнеможении на лавочку.

- Что ты, дедушка, аль прозяб добре? посиди, отогрейся; изба у нас теплая, - сказал Алексей, в котором страх сменился жалостливым участием. Он подошел к старику.

- Вестимо, касатик; да ты бы к печке-то сел...- проговорила Василиса, следуя за сыном.

Белые зрачки старика устремились как-то неопределенно на хозяев лачужки; он снова хотел что-то сказать, и снова дрожащие губы не повиновались ему; он опустил голову и принялся ощупывать края лавки и рубище.

- Погоди, дедушка, я подсоблю, руки-то у тебя окоченели, ничего с ними не сделаешь...- произнес Алексей, видя, что старик хотел освободиться от сумы, которая перетягивала ему грудь и плечи, - положи ее на лавочку... ладно: тебе бы лучше разуться, право ну, скорей бы отогрел ноги.

- Вестимо, касатик, разуться, ишь застыл как,- перебила Василиса, качая головою, - разунься, да подь к столу, я чай, с пути-то поснедать хочешь... И, не дожидаясь ответа, она придвинула к столу лучину и начала хлопотать подле горшков.

- Ну, дядя, вставай, повечеряй поди, - сказал Алексей.

- Ась?..

- Повечеряй поди!- крикнул парень, наклоняясь к его уху, - с дороги-то, я чай, проголодался.

- Нет... ох... спасибо, касатик... спасибо, - простонал старик, останавливаясь на каждом слове.

Он замотал как-то бессильно головою, ухватился руками за края лавки, закрыл глаза и вздрогнул всем телом.

- Что ж ты, родной, аль недужится?..- спросила Василиса, подходя к прохожему и стараясь вглядеться ему в лицо,- знамо, в такую-то пору, без одежи... тебе, родной, попариться бы надыть, да время-то, вишь, позднее...

Старик приложил изрытую ладонь к тощей груди своей и закашлялся; кашлю этому, казалось, конца не было.

- Спасибо... - проговорил он, переводя одышку и подымая глаза на хозяйку, - спасибо вам... что пустили...

- И-и-и... касатик, господь с тобою! сиди, обогрейся... да ты бы, право, поснедал чего: кашки, а не то и киселек есть у нас...

- Нет... спасибо... ох!.. вот кабы парень-то твой... пособил... сил моих нет...

Он хотел еще что-то прибавить, но слова замерли в его горле; он ощупал вокруг себя место, придвинул суму и медленно стал опускаться на лавку.

- Не нудь себя, дедушка, не нудь, - вымолвил Алексей, подсобляя старику растянуться на лавке и подкладывая ему под голову сумку. - Ну, дедушка, ладно, что ли?

114

- Ладно, ладно, спасибо... родной... ох!- проговорил старик, сжимая губы, чтобы удержать стоны и щелканье зубов.

- Ладно, так и Христос с тобой; спи, авось ночью переможешься, об утро легче станет... Я чай, и нам пора, матушка, - промолвил парень, обратясь к матери; но увидя, что она молилась перед образами, он взобрался на печку и начал раздеваться.

Немного погодя, старушка затушила лучину и присоединилась к сыну.

В избушке стало тихо... Рев ветра, то глухой, как похоронное причитанье, то свирепый и пронзительный, как дикая разгульная песня, загудел снова на дворах и в навесах. Иной раз весь этот грохот метели падал, как бы сломанный внезапно на пути своем вражескою силой, - воцарялось мертвое молчание... И вдруг, откуда ни возьмись, летели новые вихри, росли, подымались хребтами, вторгались со всех сторон в проулки, потрясали ворота, навесы и дико рвались вокруг лачужек, как бы желая срыть их с основания.

Но сколько ни надрывалась буря, сколько ни рассылала она вихрей, - все было напрасно; грозный рев не доходил, по крайней мере, до слуха Василисы; утомленная дневными хлопотами и заботами, старушка не успела перекрестить изголовье, как уже голова ее склонилась и сладкий сон оковал ее усталые члены. Что ж касается до Алексея, ему также нипочем был голос вьюги: думая о происшествии в доме старосты, которое разрушало вконец его надежду, он лежал, не смыкая глаз, и ничего не слышал... Глухой стон, раздавшийся на лавке под образами, вывел его, однако ж, из забывчивости: он вспомнил присутствие прохожего и насторожил слух.

Стон повторился еще протяжнее.

- Дедушка, что ты? - спросил парень, приподымаясь на локте.

- Подь сюда...

Голос, с каким были произнесены эти слова, отозвался почему-то в самом сердце молодого парня; он проворно соскочил с печки, нащупал впотьмах серенку, зажег лучину и подошел к лавке.

Старик лежал по-прежнему врастяжку; члены его, однако ж, перестали трястись и только белые зрачки его блуждали с беспокойством вокруг.

- Что с тобой, дедушка? прихватило, что ли? - вымолвил Алексей, нагибаясь к бледному, заостренному лицу старика.

- Где старуха-то... я ее не вижу... она тебе мать? - произнес больной.

- Мать; а что?..- спросил Алексей, которого невольно начинал пронимать страх.

- Позови ее сюда...- отвечал старик едва внятно.

Алексей заложил в светец лучину, разбудил мать, и минуту спустя оба очутились подле лавки.

- Тетушка, - сказал старик, обращая тусклый взор на Василису, - пришел, видно, мой час помирать... ты и парень твой... не отогнали меня... пустили как родного... Бог вас не оставит...

- И-и-и, касатик, что ты, опомнись... старее да хворее тебя живут... полно, бог милостив!..

- Нет, тетка, чую - смерть пришла... спасибо вам... ох... не дали помереть на улице... будьте же до конца родными мне... никого у меня нет... все мое... добро...

Он отвел глаза от старухи и остановился.

- И-и-и, касатик, на что нам добро твое, мы не из корысти какой пустили тебя; мы, касатик, и своим довольны, благодарим царя небесного!..

Больной снова устремил потухающий взор на старуху, хотел что-то сказать, но снова остановился. Прошло несколько минут тягостного ожидания для Василисы и ее сына, которые стояли, прикованные страхом, и не сводили глаз со старика. Едва слышный стон вырвался наконец из груди его; он приподнял длинные, сухие руки, вперил полуоткрытые глаза на старуху и произнес отрывисто:

- Пошли... сына в село Аблезино... там за рощей... подле громового колодца... дупло... зарыта ку... кубышка, - двадцать лет копил!.. никому только... не сказывай...- продолжал он ослабевающим голосом.- Вы меня... призрели... возьмите... за добро ваше... Господи! прости прегрешения... ох!..

- Касатик, дедушка! что ты, очнись! Христос с тобой, кормилец! слышь, не сбегать ли парню за попом?.. - крикнули в одно время Василиса и сын ее.

Старик скрестил руки на груди, потянулся и закрыл глаза.

Василиса и сын ее бросились к лучине.

Когда они вернулись к лавке и взглянули при трепетном свете угасающей лучины в лицо прохожему,- он был уже мертв.

VIII

Катилося зерно по бархату,
Слава!
Еще ли то зерно бурмицкое,

Слава!
Прикатилось зерно по яхонту,
Слава!
Крупен жемчуг с яхонтом,
Слава!
Хорош молодяк с молодкою!
Слава!

Народная песня

Зима прошла давным-давно; о вьюгах и метелях и помину не было в нашей деревушке. Мужички только что поубрались с хлебцем и откосились. Улица, заметенная когда-то сугробами снега, представляла теперь самое оживленное и веселое зрелище. Повсюду толпился народ; в околотке деревень было немало, и, по принятому обыкновению взаимного угощения на храмовых праздниках, все окрестные обыватели сошлись и съехались к соседям.

Время выдалось к тому самое пригодное: день был прекрасный; на небе ни облачка, в воздухе стояла такая затишь, что осиновый лист не шелыхался. Все располагало к веселью. И нельзя, впрочем, было жаловаться, - веселились изрядно! Песни, крики, шум, несвязный говор - раздавались со всех сторон, лучше чем на ином базаре. Красные рубашки, шапки с золотом, повитые цветами, желтые и алые платки, понявы сияли таким ослепительным блеском, что даже и у трезвых рябило в глазах. Шум, носившийся над деревней, переходил постепенно из одного конца в другой: то подымался он вокруг рогожного навеса купца с красным товаром, расположившегося подле часовни у колодца, то вдруг неожиданно сосредоточивался на середине улицы, где водили хороводы... Звонкая, оглушительная, дребезжащая песня охватывала на минуту всю деревню, и снова все это заглушалось ревом, визгом и хохотом, раздавшимся внезапно из толпы фабричных, глазевших, как боролись два дюжие батрака с ближайших мельниц.

Время подходило уже к вечеру, когда знакомый наш Савелий Трофимыч вышел на крылечко своей избы, сопровождаемый пономарем и сотским.

- Ну, Кондратий Захарыч, не взыщи за угощение, чем богаты, тем и рады, год выдался плохой, наказал нас господь... не взыщи, - укланялись, видит бог, укланялись, - сказал Савелий, принимаясь обнимать пономаря.

- Много довольны... много... дай бог век с тобой хлеб-соль водить!..- отвечал гость, утирая обшлагом рукава следы поцелуев радушного хозяина.

117

- Не взыщи и ты, - ничего не жалели для дорогого гостя, - продолжал Савелий, обращаясь к сотскому, который следовал сзади и, зажмурив глаза, придерживался к стенке.

Но Щеголев, вместо ответа, покачнулся в сторону, приложил ладонь к правой щеке, осклабил беззубые свои десны и запел хриплым голосом:

Ох, плыла-а - утка!
Плы-ла ут-ка...
Вдоль по морю...

- Полно, Щеголев... полно же,- заметил с укором пономарь, удерживая сотского, который, очутившись на дворе, чуть было не клюнулся на порожнюю телегу.

- Не замай его, Кондратий Захарыч, ноне все у нас в росхмель... слышь, как потешаются?.. Ты куда, Кондратий Захарыч? - спросил Савелий, останавливаясь под воротами.

- На новоселье...

- Ой ли, к кому?..

- К Алексею; как шел к тебе, встретился я с ним, - звал под вечер.

- Пойдем вместе; он и меня звал... а разве ты не был у него?

- Нет, не привелось.

- Стало, и избы его не видал... Ну уж, вот так изба, Кондратий Захарыч!.. такой, кажись, во всем околотке нету.

- Слыхал, слыхал; да где ж видеть? я с самой зимы,- помнишь, у тебя угощались? - с той поры не наведывался к вам в деревню.

- Двести рублей за избу-то дал...

- Сказывали мне, - отвечал пономарь, придерживая Щеголева, который совершенно неожиданно приткнулся к нему спиною, - правда ли, Савелий Трофимыч, говорят, нищенка-то отговорил ему тысячу рублей?

- Нет, тысячу не тысячу, а верных четыреста...

- Скажи на милость, какое дело! Сказывали, случилось то в ту самую пору, как мы у тебя пировали, - в Васильев вечер, - помнишь, кто-то еще стукнул в окно?

- Ну, вот поди ж ты! Эка дурость напала тогда на нас!.. Ведь стучал да просился тот же нищенка; а нам спьяну-то показалось и невесть что... Стучал это он по всем дворам, ходил, ходил да и набрел на Василисину избу,- те его и пустили... Пришла ночь; полеглись,- вот и стал он отходить. "Так и так, говорит: вы, говорит, меня не отогнали,- вам и добро мое..." Поведал им, где и как найти... аблезинский барин все как есть велел передать Алексею, и нашу деревню повестил,- все им досталось.

118

- Подлинно диковинное дело и всяческого любопытствия достойно, - перебил пономарь, пожимая плечами и подымая брови. - Скажи на милость, Савелий Трофимыч, как же это староста-то наш подался?.. сказывали, был он в ссоре с их домом, - знать этого, говорит, не хочу!..

- Да, мало ли что говорит он... корячился, пока у Алексея гроша не было, а как понюхал, как доведался, так и перечить не стал; каженник, да каженник,- только бывало и слышно... а тут обрадовались, пошли вертеть хвостом... оглянуться не успели, как они свадьбу сыграли...

- Где свадьба?.. какая свадьба?.. пойдем!..- прохрипел неожиданно Щеголев, насовываясь на Савелия,- дядя Савелий... а дядя Сав... ты мне тезка... Много довольны, вот как перед богом... много довольны...- продолжал он, протягивая руки, чтоб обнять тезку, но потерял равновесие и рухнулся на пономаря.

- Эк его охоч до винца!- произнес, смеясь, Кондратий Захарыч, прислоняя сотского к воротам.

- Куды те, - заметил Савелий, - другой выпьет, - как платком утрет, а это словно огнем выжигает; ну, да господь с ним! Мы, Кондратий Захарыч, на улице-то затеряем его в народе; я его не звал, сам назвался ко мне,- с ним только провозишься... Щеголев, пойдем с нами!- крикнул Савелий, взяв сотского под руку.

Пономарь подхватил его под другую руку, все трое выбрались за ворота и вскоре замешались в толпе.

- А! Данило Левоныч, ты ли это? - воскликнул пономарь, отступая перед высоким мужиком с желтою бородою, желтым лицом и желтыми волосами.

- Здорово, Кондратий Захарыч, - отвечал староста, слегка приподымая шапку,- чему ты дивуешься? не признал?

- Да кто тебя признает? вишь как переменился, что с тобой, хвораешь, что ли?

- Что станешь делать!- отвечал староста, махнув рукою, - такая-то беда стряслась на меня, - бьет лихоманка окаянная, да и полно, - вот, почитай, четыре месяца али пять,- с самых святок... весь дом с ног сбила, всех даже ребят перебрала... а старуху мою так перевернула, что о сю пору ног не переведет!

- Поди ж ты! с чего бы быть такому?

- Тебе бы, Данило Левоныч, - я говорил тогда, - надыть поворожить на Васильев вечер, - не упустить этого дела... вот хозяйка моя позвала Домну, велела ей смыть лихоманку, - так ничего... помиловала.

- Была она и у нас, Домна-то, - чтоб ее черти ели! да ничего не пособило; знать, уж так господь бог наслал за грехи наши, - отвечал староста, зевнув и перекрестив рот.

- Ну, прощай, Данило Левоныч!

- Вы куда?..

- К твоему зятю, - звал на новоселье.

- Ступайте,- отвечал староста, поворачиваясь к ним спиною.

Немного погодя, Савелий и пономарь пробились сквозь толпу, вышли на другой конец улицы и завернули в узенький переулок, залитый светом заходящего солнца. Посреди переулка, между широким сараем и плетнем, из-за которого сквозь густые ветви рябины выглядывала верхушка скирды, - подымалась высокая сосновая изба с крытым крылечком и белою трубою. Окна, ворота, убитые гвоздями с жестяными головками, окраины крыши, вплоть до деревянного конька на макушке, были обшиты, словно полотенце, вычурными, резными поднизями, горевшими на солнце как вылитые из золота. Две-три тучные, темно-зеленые ветки рябины, усеянные красными гроздями дозревшего плода, высунулись несколько вперед и набрасывали косвенно густую, зубчатую тень на левый угол избы, заслоняя одно окно, но это служило только к выгоде другого окна, хвастливо выказывавшего свой ставень с ярко намалеванными цветами и все четыре стекла, в которых играли и дробились последние вспышки потухающего дня.

На ступенях крылечка сидела Василиса в синей поддевке из домотканой крашенины, в новом платке, повязанном врозь-концы; подле нее стоял Алексей в темном кафтане, небрежно висевшем на плечах, и в красной александрийской рубахе. Но непокорные глаза пономаря окончательно разбежались, когда он взглянул на Парашу, которая стояла, подпершись круглыми локтями на перила и опустив немного голову. И в самом деле, - способствовала ли тому белая коленкоровая рубашка, обшитая на плечах красными городочками и ловко обхватывающая полную грудь, или алый платок, повитый вокруг смуглого ее личика, - но только трудно было узнать в ней прежнюю девушку. Кондратий Захарыч не успел навести оба глаза на Савелия и сообщить ему свои замечания,- как уже с крылечка заметили приближающихся гостей и спешили к ним навстречу.

- Кондратий Захарыч, Савелий Трофимыч, куда это вы запропастились?.. уж мы ждали вас, поджидали!..- сказал Алексей, раскланиваясь перед каждым гостем.

- А вот... Савелий Трофимыч задержал; я бы к вам давно понаведался...- отвечал пономарь, приподымая шляпу и делая тщетные усилия, чтобы оторвать левый глаз с запонки на груди Параши.

- Ну, кум, свалил на меня вину...- произнес, самодовольно смеясь, Савелий, - так и быть, беру грех на свою душу!.. авось не посерчают.

- Что ж вы стоите, гости дорогие?..- сказала Василиса, низко кланяясь, - войдите, милости просим, касатики...

- И то, и то...- вымолвил Савелий, разглаживая бороду,- ведь мы к вам на новоселье пришли...

- Милости просим, милости просим, рады вам!..- заключили Алексей и Параша, сторонясь, чтобы дать им дорогу.

Кондратий Захарыч сделал неимоверное усилие - оторвал оба глаза от запонки, устремил их на крылечко и, сопровождаемый Савелием и хозяевами, вошел в избу.

СМЕДОВСКАЯ ДОЛИНА

Под именем "Смедовской лощинки" поселяне западной и гористой части К*** уезда разумеют небольшую долину, соединяющую две старые водяные мельницы, построенные на самом берегу речки Смедвы. От одной мельницы до другой считается верст пять. Но если оставить проселок, который проходит где-то верхом, спуститься в долину и идти берегом, следуя течению речки, - пройдешь, без сомнения, верст восемь или девять, прежде чем достигнешь до второй мельницы. Смедва, по мере приближения своего к Оке, в которую впадает она за второй мельницей, становится уже и врезывается постепенно глубже и глубже в свои берега. Как бы сознавая скорую кончину свою и сожалея о ней, она изгибается на всевозможные лады, изламывается под самыми острыми углами, стараясь пробежать по возможности большее пространство и налюбоваться вдосталь на живописные холмы, которые смотрятся в ее светлые воды. И в самом деле, побывав раз между этими веселыми, улыбающимися холмами, чувствуешь к ним непреодолимое влечение. Скаты долины, то крутые и покрытые яркою листвой орешника, из которой выбегают кое-где кудрявые, темно-зеленые дубки, то выступающие длинными глинистыми языками, усыпанными камнями и перерезанными овражками; то появляющиеся выемками, вроде амфитеатра, и плотно затканные мелким голубоватым кустарником, - следуют на всем протяжении своем прихотливой линии, которую описывает речка. В ином месте долина расширяется, открывая луг, исполосованный серебряной лентой; мягкая, сочная и лоснящаяся зелень этих лугов поддерживается круглый год весенним разлитием Смедвы и стоком дождевой воды с соседних холмов; кое-где высятся серые, остроконечные наметы сена, сберегаемые для

121

зимы; тут же, невдалеке, пасутся спутанные лошади; нередко увидите вы белую, костлявую клячу, которая спит, положив кудлатую голову на красноватые жерди, окружающие сено, между тем как жеребенок, повернувшись к ней спиной и вытянув узенькую шейку, заливается звонким ржаньем, в полном убеждении, что потерял мать. В ином месте бока долины сходятся так близко, так тесно сжимают речку, что длинные ветви перекосившихся ветел и орешников, покрывающих берег, переплетаются между собой, образуя над водою решетчатые, фантастические своды.

Природа средней полосы России редко представляет совокупление местности, которая бы в общей сложности могла назваться великолепной панорамой; все ограничивается обыкновенно несколькими лощинами, обросшими лесом и оживленными ручьем, или бесконечной гладью полей и лугов с разбросанными кое-где деревушками. Вся прелесть этих видов заключается не столько в общем их очертании, сколько в деталях и тех мелких эпизодах, которые попадаются на каждом шагу, но со всем тем редко группируются в одну гармоническую картину.

Смедовская долина усеяна такими эпизодами. Особенно живописной казалась мне всегда левая сторона ее: она подымается крутым, полукруглым хребтом, покрытым кудрявой, роскошной зеленью, и высоко планирует над левой стороною. Тут открываются поминутно светлые расщелины, старые овраги, обросшие нежной травкой и цветами, исполосованные длинными тенями осин и берез, между стволами которых сверкают на солнце угловатые камни и белый плитняк, служившие когда-то дном потока; попадаются обвалы, обнажающие пестрые пласты песка, глины и охры; крупные и мелкие корни полуоторванных, висящих в воздухе кустов сползают на эти обрывы косматой бахромой, набрасывая кое-где зубчатую, черную тень. Пространство между краем берега и подошвою ската пересекается беспрестанно ключами; то тихо и почти незаметно пробираются они в длинной, густой траве или лозняке, из которого наши рыбаки плетут верши; то звонко журчат между камнями, скатывая их в виде маленьких плотин, снова разрушая свою работу, и вдруг исчезают под кустом или провалившимся, полусгнившим мостиком, то разливаются они на довольно большое пространство, делятся на бесчисленное множество тоненьких рукавов, образуя бесчисленное множество островков, покрытых изумрудной тиной, золотыми макушками куриной слепоты или сплошной голубой скатертью мелких незабудок... Одним словом, я не знаю ничего живописнее этого места.

Узенькая тропинка, изгибающаяся по левой стороне Смедонской долины, составляет любимую мою прогулку; часто без всякой видимой цели я отправляюсь из Хлыщовки (так величают первую мельницу) и направляюсь к Емельяновке, второй мельнице, где Смедва впадает уже в Оку. В Емельяновке славное молоко и превосходный черный хлеб, который кажется еще превосходнее после восьми верст прогулки; истребив того и другого в достаточном количестве, располагаюсь обыкновенно на скамье подле плотины, болтая с дюжими батраками и не менее дюжим хозяином мельницы и смотрю, как опускается солнце за темные сосновые леса по той стороне Оки; смотрю, как на реку выбегают тоненькие лодочки рыбаков, как зажигаются огоньки в чуть видных деревушках... Затем я прикутываюсь теплее в шинель и возвращаюсь в Хлыщовку противоположной стороною долины. Кругом все уже стихло и смолкло, кроме ручьев, которые катятся в Смедву; изредка крикнет коростель или дикая утка, притаившаяся в береговой осоке; сладко прислушиваюсь я к чуть внятному лаю собаки, к мерному звяканью в караульную доску, к отдаленному шуму запоздалой крестьянской тележки, скачущей где-то по пыльному проселку; гляжу не нагляжусь на темные берега реки, обрамленные крутыми скатами долины, посеребренными полным месяцем, который медленно плывет по темно-синему звездному небу.

Раз как-то, в конце июля, часов около шести пополудни, я шел по той самой тропинке, о которой сказал выше. Солнце заметно уже склонилось к западу, так что тропинка, ручьи и весь левый скат окутывались тенью; со всем тем было, однако ж, очень жарко; правая сторона долины, облитая косыми лучами солнца, сообщала, казалось, теплоту самым тенистым частям противоположного берега; тонкий запах шиповника, кашки, медуницы и других полевых цветов, смешиваясь с запахом сырой почвы и тонких лужаек, окаймляющих ручьи, разливался в воздухе с приближением вечера. Круглые, величественные облака, сверкающие как перламутр или кованое серебро, медленно бродили по небу, открывая бесконечные перспективы с синим, прозрачным дном; с каждой секундой, долина принимала новые оттенки; густой, местами темно-зеленый, местами темно-синий колорит тенистой стороны отделял ее резче и резче от пылающего неба и белых облаков; левая сторона окрашивалась между тем пурпуром, и не было, казалось, точки, которая не находилась бы в движении; желтая тень оврагов быстро бежала по откосу, превращаясь в розовую и фиолетовую; смолистые стволы дерев превращались в золото и ярко сверкали между листьями, бросавшими коричневые, сквозные тени. Ветер не трогал ни одним листком, или, лучше сказать, его вовсе не было. Картина оживлялась бесчисленным множеством стрижей - маленьких птичек вроде ласточек; вырываясь из своих кругленьких норок, которыми пробуравлены крутые берега Смедвы, они зигзагами резали воздух; изредка, в вышине показывался коршун; вытянув неподвижно зубчатые крылья свои и управляясь одним хвостом, он водил плавные круги над долиной.

Я был уже на половине пути, когда слуха моего неожиданно коснулось протяжное мычание и хляск копыт по влажной почве, возвещавшие, что неподалеку, за каким-нибудь откосом, находилось стадо. И в самом деле, сделав двадцать или сорок шагов, я увидел стадо, расположившееся по обеим сторонам широкого ручья, шумно вырывавшегося из кремнистого углубления, обросшего высоким орешником, дикой малиной, душистым зорником; хмель и ежевичник переплетали их тонкие прутья; ветка хмеля, упавшая одним концом в воду, трепетно вздрагивала, сбрасывая свои желтые цветочки в струйки ручья, быстро изгибавшиеся между плитняком. Крутой скат долины углублялся в этом месте на довольно значительный полукруг и был как будто приплюснут сверху; последнее обстоятельство позволяло двум-трем лучам солнца проникать в углубление, пронизывать сочную листву, превращая иной лист в сплошное золото, тогда как другой сквозил и принимал яркий цвет изумруда; стадо лежало в тени, и только в одном месте луч солнца сквозил по ребрам пестрой коровы и случайно захватывал белую голову ее соседки, которая, подогнув под себя ноги и вперив изумленный взор в какой-то неизвестный предмет, молчаливо жевала жвачку.

Пастух сидел неподалеку на камнях, прикрытых коричневыми лохмотьями сермяжного полукафтанья; он представлял тип тех сухопарых, костлявых старичков, которым нет никакой возможности определить с точностью лета. Черты его исчезали в бесчисленном множестве тонких морщинок, усыпавших его лицо и даже шею,-смуглую, шероховатую, как древесная кора; волосы старика, коротко обстриженные на макушке в виде шапочки, спускавшиеся длинными неправильными космами на лоб и затылок, были между тем черны, как у молодого парня. В редкой, чахлой бородке пастуха сильно пробивалась седина. По одной стороне его лежала плетеная берестовая котомка, и рядом с ней порыжевшая шляпа с темно-бурым платком и продолговатой тавлинкой из березовой коры. По другой стороне виднелось несколько связок лык, колодка с начатым лаптем и воткнутым в него кочадыком. Старик прервал свою работу, чтобы приняться за полдник, состоявший из огромного сукроя черного хлеба, который он пережевывал с большим трудом, перенося поминутно откушенный кусок с одной щеки в другую; он ел, однако ж, с большим аппетитом; против него, у самых ног, сидела маленькая шершавая собачонка, с исполинскими бровями; она не спускала глаз с хозяина и каждый раз, как тот подносил кусок ко рту, свешивала голову то в одну сторону, то в другую, немилосердно болтая в то же время хвостом.

Я подошел ближе. Заслышав шаги, собака быстро приподнялась с места и с видом крайней озабоченности побежала вперед; не подозревая встретить меня за соседним кустом, она вихрем откинулась назад и, метаясь как полоумная вокруг пастуха, залилась неистовым лаем, причем шерсть ее стала дыбом и заходила во все стороны.

- Сизой! Сизой!- закричал старик, потрясая в воздухе рукой, вооруженной хлебом.- Сизой!.. экой шальной какой, право, шальной! Цыц! Говорят! Вот я те, погоди!.. Ничего, батюшка, ничего, - подхватил он, обращая ко мне доброе лицо свое, - ступай, не бойся: не тронет; она не злющая, не кусается...

Сизой заливался с возрастающей энергией. Я подошел к пастуху и попросил кусок хлеба для собаки.

- Э-э-э, батюшка, нет, от чужого не возьмет, ни за что не возьмет! Хоть ты голодом мори ее, не возьмет! Уж такая-то нравная собачонка, такой-то жиденок, что и-и-и... Сизой! Сизой! Вишь шавель какая! Цыц, котенок! О-о-о, погоди, погоди, постой, вот я те порасхожу!- заключил старик, нагибаясь к земле и делая вид, как будто схватывает палку.

Сизой остановился, поглядел недоверчиво на хозяина, медленно перешел ручей, принял наблюдательную позу и, убедившись наконец, что рука пастуха ощупывала только землю, разразился новым лаем.

- Вот поди ж ты, даром что пес, а все смыслит!- сказал старик, оскабляя беззубые десны свои и лукаво прищуриваясь, - ведь вот знает же, что не трону... Такой вороватой собачонки, кажись, я и не видывал... Привычлива больно; в стаде с ней и товарища не надыть: другой раз в лугах либо на пару коровы разбегутся, особливо из молодых, небывалых в стаде; укажи только: Сизой! Глянуть не успеешь - всех в кучу согнал. Такая-то, право, смышленая, даром что от земли не видишь!..

Сказав это, старик, приложив ладонь ко лбу в виде зонтика, оглянул стадо, погрозил еще раз Сизому, сел на камень и снова принялся за полдник. Я расположился подле него на траве, и мы разговорились. Из слов старика оказалось, что он нанимался пастухом в деревушке, находившейся верстах в трех от Емельяновской мельницы.

- Сам-то я не оттолева, - промолвил он, - я из Крапиловки: вот как в город-то едешь, вправо видна белая церковь... большое село такое на самом берегу Оки... Да ты, я чай, Крапиловку-то знаешь?

Я отвечал утвердительно.

- Приволье у нас большое - не то, что здесь, - продолжал словоохотливый старик, - лесу ли, пашни ли, всего много; да и землица-то не здешней чета... вишь, одни крутояры да глина, - примолвил он, указывая на противоположный скат долины, позолоченный солнцем.- А луга-то какие? У нас лугом-то идешь, идешь... версты четыре пройдешь, а все конца ему нет! Супротив нашей Крапиловки и места такого не найдешь - всем взяла. Вот разве что насчет народа... ну, наш поплоше будет здешнего...

- Чем же?..

- Бедовый! Такой-то народ, и-и-и, боже упаси! Вестимо, коли наш брат отошел от пашни да пристал к этим фабрикам, добра ждать нечего. Без малого в двадцать лет так перебаловались все, что житья не стало. Да вот, примерно, хошь бы мой парнюха, - один только и есть, - звали его Мишаха - Михайло - не было бы фабрик, не было бы и горя! Баловал, баловал да и добаловался; сам, почитай, пропал да и бабенку свою погубил; а все народ сбил с толку...

- Что ж с ним такое случилось?

- Что случилось: сам в бурлаки пошел, вот уж второй год скоро будет, а меня на старости лет пустил чуть не по миру... Кабы не он, так я рази стал бы так-то наниматься в чужих людях? У меня в Крапиловке-то свой дом есть... Да,- прибавил он после молчка,- было времечко, не чаял, не гадал, что будет он у меня так-то стоять пустехонек; на все, знать, воля божья: сколько ни живи, не знаешь, где найдешь, где потеряешь...

Старик покачал головой и остановился. Он бросил остаток хлеба Сизому, который лежал, вытянув голову на передние лапы, уложил колодку и лапоть в котомку, засунул лыки за пояс, понюхал табаку и стал приготовляться в дорогу. Натянув на плечи полукафтанье, он опустился на колени у берега ручья, распахнул ладонью руки воду и припал к ней губами; утолив жажду, он перекрестился, надел шляпу и кликнул собаку:

- Сизой, время домой идти... ась? Ну, что, глупый, хвостом-то размахался? Вестимо пора; вишь, солнышко-то где, и не видать отселева... ступай, сделай-ка вот там распорядок!..- заключил пастух, указывая рукою на двух-трех коров, гулявших в отдалении у реки.

Сизой полетел стрелой. Немного погодя стадо поднялось с места и, рассеявшись по кустам, начало взбираться по крутому скату долины. Пастух перебросил за спину котомку, взял палку, и мы пошли следом по узенькой тропинке, местами заслоненной орешником. С этой минуты Сизой уже исчез из виду; до нас долетал лишь голос его, раздававшийся то тут, то там, смотря по тому, в какую сторону направлялось стадо.

Вскоре мы достигли вершины ската; тропинка сливалась незаметно с широким проселком, изрытым глубокими колеями, который тянулся по одному направлению с долиной; очутившись на нем, с трудом верилось, однако ж, чтобы поблизости могли находиться какие-нибудь признаки живописного местопребывания; справа, с той стороны, откуда мы поднялись, горизонт замыкался кустами; слева расстилались неоглядные глинистые и худо обработанные поля; перед нами клубилось облако пыли, поднятое стадом и зарумяненное косыми лучами солнца.

Некоторое время мы шли молча. Я думал о том, как бы завести

разговор о сыне и снохе старика. Иногда бывает так, что ничтожнейший намек на какое-нибудь событие возбуждает самый сильный интерес; в другое время слушаешь с невозмутимым равнодушием происшествие, действительно заслуживающее внимания; не знаю, происходит ли это вследствие более или менее хорошего расположения духа или по другим причинам, - знаю только, что два-три слова, сказанные стариком по поводу его сына, возбудили сильнейшим образом мое любопытство. Я хотел уже приступить к расспросам, как вдруг, совершенно неожиданно, старик предупредил меня; болтливый, как все старики, долго жившие в одиночестве, он видимо радовался встрече с собеседником; быть может, бедняк по целым дням никого не видал, кроме Сизого.

- Так ты, говоришь, знаешь Крапиловку-то? - сказал он, вероятно, с целью возобновить беседу.

- Как же! Не раз даже приводилось бывать.

- Когда ж ты там был? - спросил он, устремив на меня нетерпеливые глаза.

- Нынешней весною...

- Да, в эту пору у нас привольное житье!- с живостью перебил старик,- особливо, коли ты застал водополье - и, чай, видел, как наши-то по реке погуливают; ведь вот круглый год сидят за станом да челноком постукивают, а как разольется морем-океаном наша Ока, верст на семь от берега до берега, так, небось, работу-то пустую побросают: кто за бредень, кто за вершу, кто за что горазд... Как фабрик этих у нас не было, все мы, от мала до велика, этим рукомеслом промышляли; у каждого, бывало, своя лодка; а кто позажиточнее, так по две, либо по три... И то сказать надо, в те поры и рыбы-то было как-то побольше: бывало, день-деньской все на воде да на воде; ину пору ночь-то в лодке проспишь; житье было знатное, не то что здесь; ну, что тут: буераки, крутояры, глина, - промолвил он таким тоном, как будто Смедовская долина была степь и отстояла от Оки на целую тысячу верст.

Старик прошел молча несколько шагов, потом обратился ко мне совершенно неожиданно и сказал:

- А я так вот уж давно в Крапиловке-то не бывал... зимой, от масляной будет два года.

- Что ж так?

- Да так, охоты нет!- отвечал он, тряхнув головой с каким-то особенным выражением.- Иной раз, как словно и потянет тебя: "сходи да сходи", а придешь - вот хошь бы в прошлую святую - придешь, такая-то тоска припадет к тебе,- лучше бы и не ходил! Промеж чужих людей живешь, глаз-то тебе никто не колет, а как придешь к своим, так словно каждый тебя позорит... Вестимо, после того, что в нашей семье прилучилось, не только на людей, да и на дом-то на свой зазорно смотреть... А все наш народ виною, особливо вот эти фабричные ребята... у-у-у, боже упаси! Кабы не они, мой бы Мишаха-то жил бы о сю пору в дому, жил бы ладно и безобидно с женой... да и я бы на старости лет, наместо того, чтобы стадо гонять, нянчился бы с ихними ребятенками, в свободное время ловил бы рыбу в Оке, - и жили бы мы, лиха не чая.

- Что ж такое сделал твой Михайло, что тебе совестно из-за него показаться в Крапиловке? - спросил я.

- А что сделал?.. Вестимо, недоброе дело; да он что: только в бурлаки пошел да годик потосковал; а вот жальчее всего его бабенку: та совсем пропала, загубил ее, лучше бы ей не рождаться...

Я стал упрашивать пастуха рассказать мне во всех мелочах и подробностях историю его сына. Старик недолго отнекивался; он, может статься, сам был очень рад высказать то, что в продолжение многих лет не находило случая высвободиться из груди его.

- Этому теперь лет пяток будет, - начал он, - жил я тогда своим домком; хозяйки у меня не было: померла еще смолоду. Оставила она меня одного с Мишуткой. В ту пору наш народ стал впервые заводиться станами да брать работу на фабриках. Вот и говорят мне: "Дядя Савелий, - говорят, - что ты своего Мишутку держишь в доме? Отпусти его пряжу или шпули мотать: ведь он мал, мал, а в год-то все добудет тебе рублишков десять... отпусти его!" Хоть и нужда, признаться, была, а такие слова куда пришлись мне не по сердцу. Как, думаю себе, - примерно вот так-то сам с собой раздобариваю,- как, и деды наши, и отцы наши, и прадеды наши были рыбаками, фабричным делом не промышляли, и дело-то, думаю, самое пустое, да и сам-то я весь свой век с бреднем либо с вершей возился, а парнюху моего так бы и отпустить на фабрику! Нет, думаю, погодите, мол: супротив нашего рыбацкого рукомесла не найдешь другого; привык я к нему сызмаленьку; да и рука у меня счастливая; нет, думаю, не пущу Мишутку, ни за что не пущу на фабрику, пропадай они совсем с их деньгами. Стал я так-то думать, а они опять приступали: "Отпусти да отпусти, лов, - говорят, - год от году плоше да плоше, да и то сказать надо, помощь в нем невесть какая..." Время было в те поры больно тугое, вижу, все у нас, не токмо взрослые - и малые сидят за работой, что, думаю, должно быть уж такие времена пришли; думал, думал да и свернул на ихнее: отдал Мишутку на фабрику богатому соседу - Карпом звали. Стал он у меня шпули мотать. Что говорить напраслину? На первых порах я в нем худого ничего не видал: парнишка был со смыслом, толковый такой; стал он у меня подрастать, живет год на фабрике, живет другой, посадили его за стан; еще годика два прошли... Ну, тут уж пошло совсем не то. Глядишь, мой парнюха-то с девками забавляется, то в трубочку покуривает, то подерется с кем... Знамо, человек молодой, что увидал, то и самому надо делать! Недаром говорят: за добром идти, что за кладом: три версты пройдешь да умаешься, а худое-то под рукой лежит; вокруг него народ все избалованный - и табашники, и пьяницы, и сволочь всякая фабричная... чем бы к добру настаивать, сами потачку дают! Мне опосля говорили: "Чего ж ты сам-то смотрел!" Чего смотрел, чего смотрел... Чего мне смотреть! Я нешто мало говорил? Иной раз и за вихор возьмешь,- да впрок не пошло; вестимо, детище-то свое - не чужое: одна рука бьет, а другая гладит; о-ох, спохватился я, да уж поздно: вижу, совсем избаловался мой Мишак. Вот то-то, глупая-то дурость моя... Что ты станешь делать!.. Вот, батюшка, как я тогда сказал тебе, этому будет назад лет пять. Мишке моему было годков осемнадцать. Сижу я раз под вечер, приходит ко мне Карп Иванов, а Мишка жил уж не у него, у другого хозяина, - приходит, и давай выговаривать: "Уйми,- говорит, - дядя Савелий, парня, ой, уйми, - говорит, - проведал я, бегает он за моей девкой; мотри, не было бы худо!" - "Вестимо, - мол, - Карп Иванович, хорошее ли это дело... я, - говорю, - потачки ему не дам!" Потолковали да и разошлись. В тот же вечер рассказал я все Мишке: куда тебе! и руками и ногами отпирается; знать, говорит, незнаю, ведать, говорит, не ведаю, бабы, говорит, натолковали, да и все тут! И так, бесстыжий, так вот в глаза прямо и смотрит. Я ему веру и дал, и жил я, ничего не чаял, пока не прилучился грех... Что ты станешь делать!.. Прибежал Карп, прибежала жена его, подняли крик, содом такой. "Что, братцы, - говорю я им, - криком дела не поправишь; мы, - говорю, - с вас ничего не просим; отдайте нам девку, отдайте,- говорю,- по крайности хоть сраму на себя не примете..." Покричали, покричали да потом и положили. Сыграли свадьбу и перевезли молодую в мой домишко. Мишутка мой как словно притих; день-деньской работает, из дому не вызовешь; в одну зиму три основы справил. Я, признаться, не ждал большого добра от нашей молодой, а вышло другое: баба вышла такая, что лучше, кажись, и не надыть: смирная, покорная, и уж так-то полюбился ей мой парень, так полюбился, что только и норовит, как бы ему угодить в чем. Ей полюбился мой Мишутка, а она мне добре по нраву пришлась: такая-то была добрая да ласковая бабенка. Прожил я с ней зиму и так привык, что коли, бывало, уйдет куда, ждешь не дождешься: "Куда ушла, - мол, - наша Параша", - только и на уме. К исходу весны родила она дочку. Хозяйство наше было не велико, а как хозяйка-то слегла на время,- и совсем некому стало заправлять домом. Зазвали мы на ту пору батрачку править домом: была она старая девка и проживала на фабрике у Карпа... О-ох, такая была, такая, что и-и... да кто ее знал прежде!.. опосля только сведали... Вот, батюшка, с того самого времени, как поступила она, все пошло у нас не так, как было прежде... И что за человек такой была эта Лукерья, так боже упаси! Мутит, дурит и не уймешь ничем; скажешь слово - беда, разлютуется, и пошла, пошла, хошь из дому вон беги. Завладела всем домом, а пуще того завладела Мишкой... И диковинное это дело! Старая, кривая, а ведь вот влезла же ему в душу: обошла она его, либо другое что, а только души в ней не чаял. Что ни день, ссоры да крик. Чем бы за жену вступиться, Мишка во всем потакает Лукерье... Я и давай выживать ее из дому. Как выжил, пошло еще хуже: встренется с ней на улице либо в другом месте, натребесит, наплетет она ему невесть что на жену; придет он домой - и давай, и давай... Уж я и говорил-то ему, и стращал-то всячески - нет! ничего не берет. Вижу, Параша моя стала сохнуть; ночи не спит, невесть что бормочет, днем ни с кем ни слова не молвит... И дожили мы до горя, до такого горя, что и вспомянуть так тяжело!.. Взяла это она раз ночью (дело было летнее), взяла своего ребенка и сбежала с ним невесть куда... На другое утро, хвать-похвать, нет Параши, да и полно! Искали, искали, думали: утопилась либо другое что; в городе объявили, - нигде не нашли; так и пропала. Прошел год - ни слуху, ни духу. Много принял я горя в этот год. Кажинный день вспоминал я нашу бабенку и больно жалел о ней; жалел также и о внучке; тошней того было смотреть на Мишку. Привязался он к этой Лукерье, - словно околдовала она его, словно зельем каким к себе приворожила; хошь бы раз вспомянул о жене! Точно ее и не бывало! Ходил он по-прежнему на фабрику да только жил-то не по-прежнему: стал зачастую хмельным зашибаться; вестимо, вино - враг человеку; что ни выработает, все пропьет либо прокантует. Всему научила фабричная жизнь, а пуще того - Лукерья. Совсем сгиб мой Мишаха; я уж и рукой махнул: вестимо, думается, где мне, старику, совладать с ним! Так было до того времени, как случай привел нам проведать про жену его и ребенка. Вот как это было. Приезжает к нам, в Крапиловку, под осень купец с красным товаром. Карп Иванов, отец Параши, приводился ему как-то с родни. Заночевал у него купец - человек был старый и кредитный - заночевал да и рассказывает: "Грех, - говорит, - на душу не приму, заподлинно не знаю, а сдается мне, видал я вашу Парашу", - говорит, где встретил и где примерно видел, - и место рассказал, где примерно найти ее. Дошла эта весть и до Мишки. Вначале ему как словно и нуждушки нет, задурил еще пуще; потом как словно притих на время. Вот я и говорю ему: "Миша, - говорю, - дурью позасорил ты голову, худым товаром ты торг повел... рано ли, поздно ли,- говорю, - господь тебя покарает", - говорю да смотрю на него. Молчит. Опять на день либо на два пропадет: пьянствует без просыпу, словно горе какое у него на душе. Другой раз неделю целую из дому не выходит. Пить не пьет, хлеба в рот не берет; упрется локтями в стол, сидит - с места не тронется. Сидит он так-то раз да и говорит мне: "Батюшка, - говорит, - за что я погубил ее!" - "Кого, - говорю, - погубил?" - "Парашу погубил,- говорит,- каюсь,- говорит,- пред людьми и перед господом!.." И стал он тут припоминать свое прежнее житье-бытье: как полюбилась ему Параша и что она ему в ту пору говорила,- слова, кажись, единого не пропустил... Да вдруг, батюшка, как ударится оземь и давай плакать. "Нет, - говорит, - силушки моей нет, совесть замучила... пойду,- говорит,- я к ней, пойду да приведу домой. Жизнь опостылела мне, покаюсь,- говорит,- пред людьми и перед господом!!" Я до смерти обрадовался; слава те, господи, думаю; помолились мы богу, а на другой день Михайло мой пошел в дорогу. Шел он без малого неделю, - шел словно в потемках: вестимо, дороги-то хорошо не знал, да и в мошне-то всего один полтинник. Ну, и нашел он ее... О-ох! и вымолвить страшно. Сам опосля мне все поведал. Вот, батюшка, как дело было: убежала она от нас в другую губернию и нанялась батрачкой в доме у одного богатого мужичка. Страха, что ли, боялась она, а только и выдай себя за вдову! Жила так-то у них полгода и всем полюбилась, а пуще того хозяйскому сыну. Что ты станешь делать? Как сделали это дело - не ведаю; а только взяли да и поженились! Ведь вот какой великий грех вышел! Как проведал Мишаха мой обо всем этом, "так, - говорит, - и грохнулся оземь. Сколько пролежал, не помню". Встал и давай караулить. Выждал; видит, идет она на речку; он к ней. "И злобы, - говорит, - в ту пору не было у меня никакой; как увидел, словно, - говорит, - отлегло от сердца; и она, - говорит, - словно вздрогнула; стоит, а сама так вот вся и трясется..." Стал он ей выговаривать: "Знаю, - говорит, - все про тебя, все, - говорит, - знаю; я твой погубитель, я стану ответ держать за тебя пред людьми и перед господом, не поминай, - говорит,- что прошло, пойдем со мной!.." Она не пошла. И говорит это она ему: "Губи меня,- говорит,- губи, коли хочешь, а я с тобой не пойду!" Пришел мой Михайло назад в Крапиловку, - пришел весь ободранный, и лица на нем нету. Весь этот день ходил как шальной, слова не молвил. Так пробыл он целую неделю; потом опять запил, загулял, и, кажись, конца этому не было. Пьянствовал, пьянствовал, да и расскажи своим товарищам фабричным про жену свою. А те его надоумили: "Подай, - говорят, - на нее бумагу..." Он и подал; а как проведал, что жену привезли да посадили в наш острог, чуть с ума не свихнулся; напала на него хвороба-горячка. В это время я не раз в острог наведывался к Параше. Как ни придешь, бывало, плачет либо молится... И велика грешница; великий грех приняла на душу, а все жаль. Судили ее, судили и повезли в Москву для пересылки. Михайло лежал в больнице; я остался дома один как перст. Тоска такая на меня напала. Ноет мое сердце да и полно: словно змея какая повилась вокруг и сосет его... Дай, думаю, пойду-ка я в Москву; погляжу-ка еще раз на Парашу да прощусь с ней. Сборы не бог весть какие были: взял хлебца, перекрестился да и пошел. Москва, сам ведаешь, не больно от нас далече. Пришел туда я в самые святки. Спрашиваю, как мне повидаться с ней, с Парашей-то! "Такое-то,- мол,- и такое дело прилучилось". - "Понаведайся, - говорят, - в тюрьму, туда, - говорят, -

сродственников-то пущают". Сказали, как и куда пройти. Дорогой купил ей на последние крест; оставалось всего три гроша; что их жалеть, думаю, - купил ей сайку. Прихожу, спрашиваю, а ее уж сдали на Воробьевы горы, в пересыльный замок. "Воскресенье утром, - говорят, - отправлять будут". Дождался воскресенья - и туда; как теперь помнится... сам иду, а сердце-то у меня так вот и ломит, так и ломит... Прихожу. Большущие дома такие настроены, кругом заборы да загородь, стоят везде часовые. Я к ним. "Маленько,- говорят,- запоздал, теперь нельзя, молебствие идет, а вот обойди,- говорят,- кругом, увидишь ворота, там и жди... скоро поведут, и поведут в те ворота..." Такие добрые, приветливые... "Спасибо,- мол,- братцы, что не отогнали, добром промолвили..." Как сказали они, так и сделал. Ощупал пазуху: крестик тут и сайка тут; стою и жду. Влево от меня березовая роща, так вот вся и шумит... Ветер был добре велик. По правую руку вся Москва видна; место высокое,- куды против здешнего! В те поры плохо было только видно: снег валом валил да и время было пасмурное. Вот, слышу, загремели ворота! вывели ссыльных; смотрю, и Параша моя тут: белехонька как известь, лица нету, стоите сердечная, словно убитая. Я пододвинулся ближе, а тут священник стоит; я к нему: "Батюшка, - говорю, - вот,- говорю,- пришел проститься... крестик,- говорю,- принес... вон та,- говорю,- бабенка-то, что подле подводы-то... заставь за себя богу молиться..." Взял он у меня крестик... а саячки не посмел отдать: так и осталась за пазухой. Подняла Параша голову, увидала меня да так вот, батюшка... так... так вот... так и залилась, и залилась. "Батюшка, - говорит,- батюшка... о-ох, помолись за меня, грешную..." - да дальше-то уж и не выговорит ничего. Надел священник на нее мой крест, перекрестил ее и стал уговаривать; потом отошел, обратился ко всем да и говорит им; а они стоят все в ряд, по обеим сторонам солдаты; отошел да и говорит: "Дети, - говорит, - помолитесь богу и проститесь с родной землей... проститесь в последний раз с Москвою..." И чего уж, кажись, батюшка, ведь вот тут невесть какого народу не было; другой и душегубец либо разбойник какой, а как сказал он им это слово, так вот все навзрыд и залились; и меня самого слеза пробила. Тут забили в барабаны, и пошли они в дальнюю дорогу... В тот же день пошел я домой. Михайло мой в это время как словно маленько поправился; мало-помалу совсем стал на ноги. Да не впрок пошло ему здоровье. Весну целую ходил без дела и лето также. "Охоты, - говорит, - ни к чему нет", - да и все тут; что ты станешь с ним делать! Ходил он так-то, почитай, все лето, по осень опять загулял; курил, курил да и закабалился в бурлаки; будет этому скоро два года. А все ведь, батюшка, коли поглубже плыть в этом деле, - все ведь фабричная жизнь виновата... Эх, кабы не послушался я тогда нашего народа, повел бы парня по отцовскому рукомеслу, так вестимо не то бы и было: наша рыбацкая жизнь простая,-не то, что ихняя - фабричная!.. Остался я так-то

132

один-одинешенек. Добре тоска одолела меня. К тому и зазорно было как-то глядеть на своих-то: опостыла мне Крапиловка, да и дом-то опостыл совсем; землю свою сдал я соседу, а сам пошел внаймы к чужим людям... В Крапиловку, почитай что, теперь и не заглядываю; как заглянешь туда, сам спокаешься; ходишь, ходишь потом, - словно камень на сердце лежит у тебя... Лучше и не ходить... Бог с ними!..

- А что ж сталось с Лукерьей? - спросил я после минуты молчания, - неужто она о сю пору живет в Крапиловке?

- Нет, батюшка, давно пропала... померла прошлую весну; послали ее, слышь, в погреб: оступилась да и повихни себе ногу... нога болела, болела, пухла да и сгубила ее!.. Во всем, сказывали мне, спокаялась, во всех лихих делах своих!..

Старик снова замолк и потупил голову.

Мы прошли с четверть версты, не сказав друг другу ни слова. Во все это время Сизой шел подле. Изредка махал он хвостом и забегал вперед, чтобы устремить на хозяина желтые зрачки свои, заслоненные вкривь и вкось шершавыми бровями. Он видимо был почему-то не в духе; но мрачное расположение Сизого не было, однако ж, продолжительно. Как только стадо свернуло с дороги влево по направлению к деревне, где нанимался пастух, Сизой залился звонким лаем и, распушив хвост, полетел делать распорядок, как говорил дядя Савелий. Густое облако пыли, не сквозившее уже от солнечных лучей, которые только что потухли на горизонте, скрыло от меня и стадо, и Сизого. Вскоре я потерял из виду и самого дядю Савелия.

Я удвоил шаг, чтобы скорее дойти до мельницы. В воздухе чувствовалась уже свежесть, которая свидетельствовала, что Ока не очень далеко; дорога начинала опускаться; бока долины понижались, расходились амфитеатром и сглаживались с дальней местностью. Немного погодя на огненном, постепенно бледнеющем небе обозначилась фиолетовая, слегка зарумяненная линия горизонта; еще несколько шагов вперед - и я увидел Оку; там выступили луга с последним заворотом Смедвы; ближе всего, почти под ногами, возносились темные, неправильные группы ветел; кое-где сквозь сучья проглядывало багровое небо; тут же, между стволами ветел, чернела плотина, и на одном конце ее рисовался причудливый профиль мельницы с прилепленным к боку амбаром, спуском для воды и колесами; на боку лежала опрокинутая лодка. Ветлы со своими огненными просветами, плотина с своими шестами, тварнями, растянутым бреднем и самая мельница целиком перекидывались в широком, сверкающем пруде; на поверхности его, гладкой как розовое зеркало, играла рыба и появлялись затем кружки, которые расширялись и зазубривали дрожащими серебряными нитками то

133

место, где отражалась мельница. Окрестность между тем темнела, и в ясном, постепенно синеющем небе начинали зажигаться звезды. До слуха доносились какие-то неясные, замирающие звуки... Наконец все смолкло и окуталось тенью... В окне мельницы мелькнул огонек и заиграл в воде вместе со звездами...

Минуту спустя я стоял уже на плотине и бросал прощальный взгляд на Смедовскую долину.

РОЖДЕСТВЕНСКАЯ НОЧЬ

I

Сановник Араратов вышел из клуба в недовольном расположении духа. Он обыкновенно обедал у себя дома и всегда почти с гостями. Каждому из них, за два дня, посылалась с курьером коротенькая полуофициальная записочка, извещавшая о дне и часе обеда с присовокуплением, в чем следует быть одетым: во фраке или запросто в сюртуке. Одни приглашались таким образом для поддержки связей, другие из чувства покровительства или скорее снисхождения, так как слишком уже явно и долго добивались такой чести; - третьи, наконец, удостаивались приглашения потому лишь, что одному скучно было обедать и самый аппетит в таком случае слабее как-то возбуждался. После обеда немедленно садились за карты.

Против этого последнего развлечения, давно и повсеместно заменившего у нас беседу, могут восставать конечно только праздные и легкомысленные люди. В настоящее время деловые лица, - к числу которых принадлежал Араратов, - насилуют свой ум слишком уж напряженно, слишком отверженно; они положительно слишком подавлены, чересчур удручены заботами о пользе дорогого отечества, чтобы утомлять себя еще словопрением и бесцельной болтовней; не естественно ли предпочесть партию в винт, одаренную, как доказано новейшими научными исследованиями, дивным свойством сообщать мозгу полезное отдохновение.

Во всех случаях впрочем, сановник Араратов, упитывая гастрономически своих гостей и охотно уплачивая повару по двадцати рублей с персоны, чувствовал к ним безразлично полнейшее равнодушие; он пожалел бы дать два рубля доктору за излечение хотя бы одной из этих персон от расстройства в желудке. Известие о внезапной кончине кого-нибудь из них. встречало в нем, правда, тягостное чувство; но это происходило больше от того, что оно, во-первых, приводило ему на память мысль о смерти, которую старался он всегда отгонять от себя; во-вторых: заставляло его изменять на время привычному ходу жизни; - заставляло ездить на панихиды, присутствовать на похоронах, иногда в холодное или сырое время, и т. д.

Мы не ошибемся, кажется, если скажем, что лица, приглашаемые сановником, вполне разделяли в свою очередь такия же точно чувства к гостеприимному хозяину.

Араратов решился обедать в клубе потому собственно, что в этот день, именно 24 декабря, из круга его знакомых,все без исключения,придерживались старинного, быть может, весьма, почтенного, по тем не менее, по мнению Араратова, крайне ограниченного, узкого, рутинного обычая - непременно обедать в. своих семействах, в семьях родственников и вообще самых близких друзей и знакомых.

Он остался, как мы говорили, весьма недоволен клубом. Начать с того, там, как нарочно, собралась все какая-то мелюзга; обед был также из рук вон плох; к закуске подавался какой-то форшмак из печенок налимов с поджаренным луком, который до сих пор производил изжогу под ложечкой. Относясь всегда крайне заботливо к процессу собственного пищеварения, он просидел там один час, сыграл от нечего делать партию в винт, выиграл что-то и рад был наконец, когда мог выйти на свежий воздух.

Отправив домой кучера, ждавшего с каретой у подъезда, Араратов пошел пешком.

Но суета, происходившая на улицах, ярко освещенных не только фонарями, но плошками и окнами магазинов, которые в этот вечер остаются открытыми дольше обыкновенного, мало, по-видимому, способствовала приятному развлечению сановника. Это не было то оживление, какое замечается на Петербург. ских улицах в полдень, в дни дворцового торжества, выхода или парада, или вечером, после того как кончаются театральные представления и все спешат, желая поспеть к сроку на бал или раут; или в дни бенефиса какой-нибудь сценической знаменитости, когда то и дело попадаются суетливые личности, озабоченные мыслию занять где-нибудь денег с тем, чтобы в тот же вечер поднести бенефициантке бриллиантовую брошку, фермуар, серебряный сервиз и т. д.; нет, суеты и движения было, может быть, еще больше, только она отличалась более сдержанным, мирным характером; самый повод к оживленно быль другого рода: суетились более или менее из-за того, чтобы успеть сделать необходимые покупки к елке или приобрести подарки к следующему дню.

На тротуаре, перед игрушечными магазинами и кондитерскими, было особенно тесно. Араратов останавливался, выпрямлялся во весь рост, выжидал, чтобы путь очистился, при чем брюзгливо выдвигал нижнюю губу и прищуривался, или же обходил место, поглядывая сверху вниз на толпу своими серыми стальными зрачками. В обоих случаях, осанка его не утрачивала ни на секунду своей торжественной величавости, лицо, с правильно ниспадавшими седыми бакенами, сохраняло обычную, сосредоточенную строгость.

При встрече с ним некоторые сторонились, давая ему дорогу, другие оглядывались и невольно замечали по соседству: "Смотри-ка, старик, - а какой еще молодчина, какой важный!" Он же не обращал ни на кого внимания, ни на людей, ни на блестящие окна магазинов, предмет праздного любопытства. Наконец все это ему наскучило; время от времени, к тому же, подымался острый ветерок, мороз усиливался и начинал пощипывать нос и щеки.

Араратов повернул в соседнюю улицу и прямо направился к своему дому. Невдалеке от подъезда услышал он за собой плач ребенка и чей-то надорванный голос. Он машинально замедлил шаг и так же машинально оглянулся через плечо.

При свете фонарей и ближайших окон, освещенных изнутри зажженными елками, увидел он оборванную женщину, державшую на груди ребенка, закутанного в тряпье; свободной: рукой тащила она мальчика лет пяти шершавые лохмотья и неуклюжая взъерошенная шапка, падавшая на глаза мальчика, придавали ему близкое сходство с медвежонком; ребенок упирался и плакал навзрыд, засовывая пальцы рук в рот, отчего и получались те странные звуки, которые заставили сановника оглянуться.

- Барин-батюшка, заговорила женщина, обнадеженная движением господина, - подайте на хлеб... Хоть малость какую... Подайте для праздника...

Араратов отвернулся, ускоряя шаг.

- Барин-батюшка, - не оставьте меня, бедную... приставала женщина, сирот хоть пожалейте... Сутки не евши... Будем за вас Бога молить...

Араратов был известен своей благотворительностью. В. течение каждой зимы, чуть ли не ежедневно, посылали ему билеты на всевозможные человеколюбивые предприятия, - концерты., спектакли, базары, чтения, балы, маскарады и проч.; он редко отвечал на них отказом;

когда светские благотворительницы, являлись к нему на дом, он вручал им денежный конверт с такой любезностью, что они уходили всегда в восторге. Араратов не любил только видеть нищету и бедность; оборванные люди, грязные лица и руки, грубые черты, хриплые голоса, - производили всегда отталкивающее действие на его чувствительные нервы. Признавая нищету неизбежным злом человеческого общества, он в то же время относил появление нищих на улицах столицы к беспорядку, недосмотру, нерадению полицейского управления. Нельзя же в самом деле, чтобы в благоустроенном городе нищие приставали к прохожим, дерзко их останавливали, надоедали им своим попрошайничеством!

Женщина с детьми служила как бы подтверждением, насколько справедлив был такой взгляд.

- Батюшка-барин, продолжала она приставать с удвоенной настойчивостью, заходя то с одного бока, то с другого, - пожалейте хоть ребят малых... У меня дома таких трое еще осталось... голодные сидят... Взмилуйся хоть для Христова праздника...

Араратов потерял наконец терпенье.

- Если ты не отстанешь, - произнес он на ходу и в полуоборота, - я сей час позову городового!

Но потому ли, что по близости не оказалось в эту минуту хранителя общественного порядка, потому ли, что женщина была в самом деле доведена до крайности, угроза сердитого барина не остановила ее. Она продолжала умолять его, просила дать хоть пятачок на хлеб.

Прохожие начинали останавливаться; - этого только не доставало!

Араратов досадливым движением отпахнул край собольей шубки и опустил руку в боковой карман панталон; он вспомнил, что после партии в клубе сунул туда второпях несколько ассигнаций: нащупав одну из них, он не оборачиваясь подал ее женщине, заботясь о том только, чтобы не коснуться как-нибудь ее грязных, быть может, даже больных пальцев.

Минуту спустя очутился он на подъезде своего дома.

В прихожей встретил его старый швейцар, выбежавший из боковой двери, которую второпях забыл закрыть.

- Что у тебя там за свет?.. спросил Араратов, указывая в ту сторону глазами.

Швейцар испуганно метнулся было к незапертой своей двери, но одумался на ходу и, мгновенно вернувшись к барину, приступил к сниманию с него шубки.

- Что там за свет, я спрашиваю, нетерпеливо повторил Араратов.

- Ел... елка... для детей... проговорил швейцар, очевидно стараясь выражением лица и голосом оправдать невинность своей затеи.

Не давая ответу швейцара большего вниманья, как если б муха

прожужжала о своих мушиных интересах, - Араратов стал подыматься по широкой лестнице, установленной тропическими растениями.

Достигнув верхней площадки, он прошел не останавливаясь и не поворачивая головы, мимо лакея во фраке и белом галстухе и двух остолбеневших курьеров. В доме его заведено было, чтобы прислуга ему не кланялась. - "Что я тебе сват или приятель, что ты мне кланяешься!" строго заметил он еще на днях вновь поступившему лакею, отвесившему низкий поклон.

С верхнего поворота лестницы открывался ряд парадных комнат; они освещались теперь только с улицы. Иногда отражение от фонарей на проезжавших мимо каретах, пробегая красноватым пятном по стенам, выдвигало часть зеркала или бронзового канделябра и, быстро мелькнув с противоположного конца по потолку, внезапно освещало золоченые украшения люстры; но это продолжалось секунду; ровный полусвет водворялся снова, и в нем явственно обрисовывалась только высокая фигура самого хозяина, медленно переходившая из одной комнаты в другую.

Он вошел в уборную, где ожидал его камердинер.

На стульях, перед горевшим камином, разложены были в последовательном порядке обычные предметы домашнего туалета.

Камердинер знал до тонкости привычки своего господина, не терпевшего лакейских мудрствований и требовавшего во всем механического, но быстрого исполнения: ни одна складка не должна была беспокоить тела: каждой части одежды следовало предварительно быть тщательно осмотренной, пригнанной, приготовленной таким образом, чтобы нигде не задерживаться, не мешать ей входить как по маслу, не стеснять движений. Если что-нибудь было не так, - Араратов поворачивал только голову, слегка подымал брови, - и этого уже было совершенно достаточно для того, чтобы камердинер сто раз проклял себя внутренно за свою оплошность.

На этот раз операция переодеванья прошла благополучно.

- Сказать швейцару, чтоб запер парадный подъезд, - произнес Араратов, - никого не принимать; потушить везде огонь... Можешь идти; ты мне пока не нужен!.. заключил он, проходя в кабинет.

Самые затейливые театральная превращения ничего решительно не значат перед тем, какое совершилось с камердинером, как только очутился он наедине; его круглое, гладко выбритое лицо, сохранявшее озабоченное, сосредоточенно деловитое выраженье, - проявило вдруг признаки самой необузданной радости. До настоящей минуты, он сокрушался мыслию, что придется по обыкновению ждать в уборной, пока барину вздумается лечь в постель, между тем как в это самое время, в нижнем этаже, в отведенном ему поещении, собираются теперь гости и трое его детей заперты в дальней комнате и мучительно томятся в ожидании елки. Камердинер и жена его так уже условились, чтобы до возвращения отца елка не зажигалась ни под каким видом. И вдруг так неожиданно: - "Ты мне пока не нужен!!...".

Он скоро-наскоро подбавил угля в камин, потушил свечи, убрал платье и кубарем сбежал по боковой лестнице.

II

- Ну, слава Богу, - ждем не дождемся! встретила его жена, - все уже собрались... тетушка Леоканида Захаровна также здесь... Скорей ступай!

- Сейчас, сейчас!.. ответил он, подавляя одышку и суетливо входя в довольно просторную комнату, посреди которой, на столе, покрытом салфеткой, возвышалась убранная, но незажженная елка.

Несколько стульев вдоль стен заняты были сидевшими гостями; на почетном месте, посреди дивана, восседала тетушка Леоканида Захаровна, - кастелянша в доме графини Завадской, - дама величественного вида, в кружевном чепце и шали; рядом с нею приютился дядюшка Никанор Савельич,- совсем уже белый как лунь старец, - служивший тридцать пять лет старшим курьером в министерстве финансов. Перед ними, на столике красовались тарелки с симметрически разложенными кусочками пастилы, финиками и яблоками. Такими же лакомствами пользовались остальные гости, - но уже с подноса, который любезно подставлял молодой лакей в белом галстухе,- тот самый, что с двумя курьерами встречал Араратова на верхней площадке лестницы.

Дверь соседней комнаты была заперта; за нею раздавались тоненькие детские голоса; они немедленно превратились в восторженные визги, как только в первой комнате послышался голос вошедшего камердинера.

После приветствий и неизбежных троекратных лобызаний в щеки, тетушки и бакенбарды дяди, - приступлено было тотчас же к зажиганию елки. Один из гостей, - известный весельчак и затейник, предложил было произвести несколько ударов в медный таз, прежде чем распахнуть дверь, скрывавшую детей, - но предложение было отвергнуто; шум, - Боже оборони! - мог быть услышан в кабинете барина! Обиженный несколько, весельчак ограничился тогда энергическим хлопаньем в ладоши, и быстро схватив со стола пару ложек, готовился барабанить ими по краю тарелки, - но и тут должен был остановиться: камердинер и жена его успели уже распахнуть дверь, из которой стремительно выбежали дети, - две хорошенькие девочки и мальчик-карапузик лет четырех, с большой круглой головой и глазами навыкате, - вылитый портрет отца. В противоположность сестрам, которые весело запрыгали вокруг елки, карапузик остановился с разинутым ртом и растопыренными коротенькими ручейками. Величайших трудов стоило отцу, чтобы заставить его поцеловать тетушку и дядю.

Во время этой церемонии весельчак подхватил двух девочек и начал было ходить с приплясом вокруг елки; но и это не совсем ему удалось: не успел он выкинуть двух коленцев, как одна из его подошв встретила обрезок яблочной кожицы, и он с грохотом покатился; девочки вскрикнули и отскочили в сторону; ближайшие лица не успели подхватить весельчака, как уже ноги его до половины туловища скрылись под столом с елкой, чудом каким-то сохранившей равновесие.

К счастью, все окончилось благополучно; весельчака поставили на ноги; он отряхнулся, подражая собаке, выскочившей из воды; новая эта выходка восстановила общую веселость. Почти в то же время показался молодой лакей с подносом, уснащенным чайными чашками, между которыми привлекательно круглился графинчик с ромом; за ним вошла хозяйка дома, с корзиной, наполненной печеньем.

Комната в скором времени представила оживленную картину: дети, наделенные игрушками и лакомствами, шумно играли в одной половине, между тем как в другой. - где уже к разогретому воздуху чувствительно примешивался залах рома, - шла одушевленная беседа, приправляемая взрывами хохота, всякий раз, когда весельчак изображал, как гуляет франт с тросточкой по Невскому проспекту, как на заре мычит корова, или рассказывал какой-нибудь анекдот игривого свойства.

III

В то время как в квартире камердинера всем было так привольно и весело, за стеною этого самого дома, в соседнем переулке происходила сцена совсем другого рода.

При свете ближайшего фонаря, легко было узнать ту самую женщину с детьми, которая час тому назад приставала к сановнику. Она стояла неподалеку от ворот его дома и, то приближалась к ним, - причем, всякий раз, боязливо оглядывалась по сторонам, - то вдруг круто поворачивала назад и торопливо удалялась. Ее, очевидно, что-то сильно озабочивало; это выражалось между прочим ее невниманием к мальчику, который часто начинал плакать, жалуясь на холод; раза два она нетерпеливо далее дернула его за руку, стращая бросить одного на улице, если он хоть раз еще пискнет.

Такое расположение духа овладело ею не вдруг. В первую минуту, когда строгий барин сунул ей в ладонь бумажку, - она чуть не вскрикнула от радости; ей вдруг почему-то представилось, что барин, не досмотрев в сердцах, - подал ей трехрублевую ассигнацию; ее бросило в жар от неожиданного счастья; прежде чем в нем убедиться и из опасения, чтобы кто-нибудь не подсмотрел щедрой подачки, - она быстрыми шагами направилась в ближайший, более темный и тихий переулок; поровнявшись с первым фонарем, она обернулась спиною к тротуару и, делая вид, как будто поправляет ребенка, спавшего на груди, осторожно принялась развертывать ассигнацию; сердце ее билось в эту минуту очень сильно. Глаза ее, жадно следившие за движениями пальцев, раскрылись еще шире, когда, вместо ожидаемых трех рублей, увидела она бумажку, покрытую красноватыми и синими полосами...

Ей случалось видеть сторублевые ассигнации в то время, когда жила она в услужении у старого чиновника; но этому было уже десять лет назад. Выйдя вскоре после того замуж за портного, который напился в самый день свадьбы и с тех пор уже редко отрезвлялся, она не видала других денег кроме мелочи; - да и ту приходилось часто получать с прибавкою колотушек. Оставшись после смерти мужа с целой оравой детей, (она не обманула Араратова; дома действительно было еще трое, из которых один лежал больной), - ей поневоле пришлось пробавляться подаянием; с детьми никто не соглашался взять ее в услужение.

Первою ее мыслью после того, как осмотрела она бумажку - было, что сердитый барин, должно быть, посмеялся над нею... "А ну как бумажка-то в самом деле настоящая, и барин дал ее только по ошибке?.." пришло ей тотчас же в голову. Справиться об этом было очень легко: стоило зайти в первую встречную лавочку. Не сделав однако ж пяти шагов, она снова остановилась. Она подумала, что если деньги настоящие, - никто не поверит тому, как они ей достались; ее наверняка остановят, пошлют за полицией и Бог весть, что тогда будет, - не разделаешься! - "Нет, лучше уж убраться скорее домой на Выборгскую, в свой угол, дождаться завтрашнего дня", продолжала она рассуждать сама с собою, "авось найдется добрый человек. не обманет, скажет правду, научит, где и как вернее разменять деньги"... Ей живо представилось все, что можно будет сделать: завтра же переедет она на другую квартиру, накормит детей, больного свезет к доктору, купит ребятишкам теплую одежонку; себе также надо коечто приспособить: тулупчик совсем износился; вот также и обувь: валенки на ногах стали разваливаться. . . Но мечты эти не были продолжительны; они скоро сменились горьким сознанием, что и там, на

141

Выборгской, произойдет то же самое: и там точно также никто не поверит ее рассказу; начнутся расспросы, пересказы, - мало ли завистников чужому счастью! - толки, без сомнения, дойдут до городового, тот сейчас же поведет ее в квартал. Ее теперь уже, может быть, разыскивают; строгий барин, как увидал свою ошибку, наверное послал объявить об этом в полицию...

Простояв неподвижно несколько секунд, она бережно сложила бумажку, перенесла ее в левую руку, державшую ребенка, - и свободною рукой совершенно неожиданно несколько раз перекрестилась. Решившись, по-видимому, на что-то, она ускоренным шагом обогнула угол переулка, вышла на большую улицу и с озабоченным видом стала оглядывать дом с большим подъездом, в который вошел строгий барин.

С этой стороны фасад дома резко отличался от фасада соседних домов, служивших ему продолжением; почти из каждого окна выходил свет, местами весело мигали бесчисленные огоньки елок, за стеклами везде заметно было движение, отвечавшее оживлению тротуаров и улицы. Дом строгого барина, с его большими темными окнами, запертым подъездом, производил впечатление чего-то угрюмого, покинутого, бездушного. Нищая вернулась в переулок. Убедившись, что первые ворота за углом принадлежали темному дому, она в нерешительности остановилась перед ними. Дежурный дворник однако ж отсутствовал, и калитка была отперта. Нищая перекрестилась еще раз и вошла.

Двор был пуст, хотя и казался оживленнее фасада: в нижнем этаже резко выделялись три ярко освещенных окна; в одном из них зажженая елка бросала полосу света, проходившую по снегу через весь двор; за стеклами виднелись двигающиеся люди, слышались восклицания, по временам глухо раздавался хохот. Ближе выделялось еще несколько освещенных окон; лампа, привешенная к потолку, бросала яркий свет на белый длинный стол и в полусвете, на задней стене, вытягивался ряд блестящих кастрюль.

При входе на двор нищая остановилась, услышав громкий говор нескольких голосов; он раздавался за небольшим окном, освещавшим снежную мостовую почти у ног женщины; не успела она осмотреться, как низенькая дверь подле окна отворилась - густой клуб пара взвился на воздух, - и вслед за тем, точно из земли, стал вырастать человек в шершавой бараньей шубе и такой же шапке.

- Ты зачем!?. Чего тебе?... крикнул он, торопливо взбираясь на ступеньки, соединявшие низенькую дверь с мостовой.

- Батюшка... начала было женщина.

- Вон! бесстыжие твои глаза! Вон ступай!!, подхватил он, становясь перед нею и принимаясь размахивать руками.

- Постой, батюшка... дай слово сказать...

- Как же, стану я тебя слушать! Проваливай! Проваливай!!. Ты, пострел, чего заорал? обратился он неожиданно к мальчику, который вдруг заплакал, припав к юбке матери.

Дворник готовился уже ухватить женщину за шиворот и вытолкать ее вон, - но в эту минуту маленькая дверь снова распахнулась, выпустив новый клуб пара, и на пороге ее показались два человека.

- Что тут? спросил один из них.

- Батюшка! торопливо заговорила нищая, делая шаг вперед, - послушай меня... Пришла я не за каким худым делом!.. Барин, который здесь живет... Да... Шла я так-то по улице, повстречался он мне, я попросила на хлеб... Он подал мне... подал, да, должно быть, обознался, - темно было, - дал мне бумажку в сотню рублей...

Оба человека, из коих один был в синей поддёвке, надетой на красную рубашку, - поднялись по ступенькам и подошли к женщине.

- Ты, тетка, смотри не ври, - здесь врать не приходится; как раз угодишь - знаешь куда!.. Толком рассказывай, какая такая бумажка? Покажь ка ее...

- Покажу, батюшка, дай в комнату войти... Мальчик-то озяб больно... Боюсь я, барин ваш догадался, что обознался, в квартал дал знать...

- Ох врешь, тетка... Сдается мне, - врешь! заметил второй мужик.

- Вестимо врет! проворчала баранья шуба.

- Батюшки! верите вы святому кресту... Вот! торопливо заговорила женщина, принимаясь креститься, - ныне праздник святой... возьму ли грех такой на душу... Я затем пришла к барину вашему, хочу деньги отдать...

- Что за притча! . . проговорила поддевка, - надо быть, правду говорить... Пойдем, коли так... Ступай за мной!.., добавил он, направляясь к кухне.

Там нашли они молодого лакея, который возился подле чашек, и еще поваренка. Человек в поддевке, оказавшийся старшим дворником, передал в коротких словах рассказ женщины и просил доложить о случившемся "генералову камердинеру".

Минуту спустя, в кухню суетливо вошел знакомый камердинер; за ним выступала жена его; за ее плечами показались, с одной стороны: раскрасневшееся лицо весельчака, с другой - розовые банты на чепце тетушки; за ними мелькнуло еще несколько голов. Любопытство изображалось на всех лицах; задние гости не успели еще протискаться в кухню, как уже камердинер, недоверчиво поглядывая на нищую, приступил к расспросам.

Робко, запинаясь почти на каждом слове, она повторила свой рассказ, прерываемый возгласами удивленья и замечаниями присутствующих.

На приглашение камердинера показать бумажку, - она тотчас же согласилась, но ни за что не решалась выпустить ее из рук и крепко держалась за один из ее углов двумя пальцами.

- Отдам ее только самому барину, - только ему одному, повторяла она, - может, тогда милость его будет - даст что-нибудь... У меня, батюшка, еще трое таких дома осталось... голодные сидят... прибавила она глухим голосом.

- Делать нечего... сказал камердинер, обратясь неожиданно к молодому лакею. - Ваня, подымитесь наверх; барин рассердится, но случай такой особенный... Доложите ему...

IV

Сановник Араратов давно между тем успел устроиться в своем кабинете. Он сидел в вольтеровских креслах перед камином с горевшими угольями.

Высокая лампа, прикрытая зеленым зонтиком и поставленная на край длинного письменного стола, позволяла читать, сидя в креслах и вытянув ноги к камину: она в то же время освещала ближнюю часть стола с разложенными аккуратно кипами бумаг. Все отличалось здесь изумительным порядком: ни один угол бумаги или книги не выступал против другого; самые карандаши, мельчайшие письменный принадлежности, лежали правильными, симметрическими рядами с каждой стороны совершенно гладких столовых часов из черного мрамора, возвышавшихся против серебряной чернильницы строгого, прямолинейного характера. Множество бумаг было заложено в синие обертки с каллиграфически выведенными надписями: "к Докладу", - "к Решению", - "к Подписанию", и т. д.

Свет на столе и круг света от лампы на потолке, соединяясь с зеленоватым отражением зонтика, сообщали ближайшей части длинного кабинета мягкий полусвет, в котором обозначались по стенам сплошные шкапы с книгами; дальше, - от стола и камина до уборной, - свет постепенно ослабевал, тушевался сумерками и под конец превращался в глухой сумрак.

Вокруг было совершенно тихо: слышалось только, как иногда обваливался уголь в камине или раздавался жесткий шелест листа из официального доклада, который просматривал Араратов.

Доклад требовал, надо полагать, усиленного умственного

напряжения; после каждой почти страницы, Араратов отрывал глаза от бумаги, опускал голову на ладонь и задумывался. Одно время, голова его как-то особенно долго не приподымалась, - даже глаза зажмурились...

И вдруг, - вдруг увидел он себя перенесенным в необозримое степное пространство... Над ним, низко, низко, из конца в конец, стелется сумрачное как копоть небо. Далеко, на самой уже окраине, вырезывался багровый диск угасающего солнца; красноватый его отблеск, скользя по степным неровностям, убегал все дальше и дальше как мелкая зыбь океанского отлива; с противоположной стороны степи все гуще и гуще между тем нарастала и надвигалась ночь. Все наконец заволоклось непроглядной темнотою. Но не так еще страшна была эта ночь, как страшна казалась Араритову мертвая тишина, его окружавшая; внутренний голос подсказывал ему, что не только там, за дальним горизонтом, но за целые тысячи и тысячи верст кругом, не было даже надежды встретить живое существо, встретить человека, который мог бы придти ему на помощь, избавить его от нестерпимой тоски одиночества, которая им вдруг овладела... Хоть бы отклик какой,. хоть бы звук чего-нибудь одушевленного... Но нет! Вокруг пустыня, и он один посреди нее,- совершенно один... В ужасе, Араратов бросился бежать, - но в ту самую минуту листы доклада выпали из его рук на ковер, и он проснулся.

Подобрав наскоро листы и положив их на стол, он стал ходить по кабинету ускоренными шагами.

Он близко напоминал теперь человека, который только что освободился от вздорного, докучливого посетителя и хочет подавить в себе такую неприятность. "Всему виной скверный клубный обед и этот форшмак...", старался уверить себя Араратов. Оп сознавал очень хорошо, что обед и форшмак нисколько тут не виноваты, и то, что ему пригрезилось, и тяжелое чувство, которое затем последовало, не имеют с ними ничего общего; но его гордости и высокомерию легче было, повидимому, подчиниться действию скверного обеда, чем признать над собою влияние бестолкового сна и отдать себя под власть малодушному чувству. Усилия победить его были однако ж напрасны; оно ни за что не хотело отпустить его, - точно присосалось к нему.

Он подошел к окну и отдернул портьеру.

Широкая и длинная улица, открывавшаяся перед его домом, сохраняла свою прежнюю праздничную наружность; тротуары были переполнены народом; везде развевались пестрые флаги; во все концы неслись кареты и сани; свет фонарей, плошек и окон, между которыми, то тут, то там, в разных этажах, горели елки, - придавал всему какой-то особенно приветливый, веселый вид, редко встречаемый в Петербурге.

Но улица, с ее движением, не вызвала даже улыбки на лице

Араратова; оно как будто стало еще угрюмее. Веселость, впрочем, всегда производила на него отрицательное действие; он относился к ней как к чему-то ограниченному, недостойному серьезного делового ума; он никогда не смеялся - исключая разве тех случаев, когда смеялись очень уж высокопоставленные лица и волей-неволей требовалось оправдать их веселость и выказать ей некоторое сочувствие.

Он и теперь попробовал было взглянуть на все происходившее перед глазами с видом обычного пренебрежения; - попытка однако ж не удалась; сдвинутые брови, судорожно сжатые губы ясно указывали на бесполезность подавить внутреннее чувство горечи и сознанье одиночества, которые так непрошенно вторглись в его жизнь.

Он опустил портьеру, прошелся несколько раз по кабинету, думая отогнать навязавшуюся мысль; - но нет! - мысль об одиночестве не только не проходила, - но, напротив, еще с большим упорством к нему привязывалась.

Он готовился снова опуститься в кресло и завладел уже недочитанным докладом, - когда ктото неожиданно постучался за его спиной в боковую дверь кабинета.

- Кто там? произнес он, сдвигая брови и удивленно оборачиваясь в ту сторону.

Дверь приотворилась и на пороге показалась оторопелая фигура во фраке и белом галстухе молодого лакея.

- Чего тебе? резко спросил Араратов, - я приказывал никого не принимать? ты разве не слышал?..

- Там... ваше превосходительство... с заднего крыльца... пришла женщина... мог только произнести оторопевший слуга.

- Женщина!.. Какая женщина?..

- Нищенка... должно быть... с детьми... ваше превосходительство...

- "Вот помогай им после этого! Какая неслыханная дерзость!!..", мелькнуло в голове Араратова, не сомневавшегося на секунду, что дело шло о той назойливой женщине, которая приставала к нему на улице.

- Что же ты стоишь. - обратился он к лакею, - сказать швейцару, чтобы ее тотчас же вонь выпроводили; - ступай!

Выходка нищей, на минуту и против воли сановника, остановила его мысль на этом предмете. - "Помогать этим людям - то же, что поощрять их к попрошайничеству и тунеядству! и сколько хитрости: подсмотреть, где я живу; подметить вход с заднего крыльца... Какая наконец дерзость: ворваться куда же, - ко мне! в мой дом!!..".

Араратов был прерван на этом месте своих размышлений новым стуком и в ту же дверь:

- Войди! чуть не крикнул он, что там еще?..

- Ваше превосходительство... женщина не хочет никак уходить... Мы ее не раз отгоняли... Она говорить: изволили вы ей дать какие-то деньги... она говорить: их возвратить надобно...

- "Возвратить деньги... мне? Что за вздор!.. Нет, это однако уже слишком!.. И наконец... наконец становится любопытным..." заключил про себя Араратов. Обратясь к лакею,, он спросил его, точно выстреливая из пистолета:

- Где эта женщина?..

- В кухне, ваше превосходительство...

- Сейчас же привести ее по задней лестнице в буфетную!..

Араратов отличался уменьем сдерживать порывы негодования, считая их нарушающими достоинство в известном положении; - но в настоящую минуту, то, что могло быть свидетелем его раздражения, - и люди его, и эта женщина, - не стоили, конечно того, чтобы перед ними стесняться. Он чувствовал себя к тому же, в этот вечер, почему-то особенно нервным и возбужденным. Он направился в буфетную, как. только пришли доложить, что приказание его исполнено.

Араратов не ошибся: перед ним стояла женщина, встреченная им на улице. Она, как и тогда, поддерживала на груди закутанного в тряпье ребенка; другой ребенок, - тот, который похож был на медвежонка, - крепко теперь ухватившись за юбки матери, пытливо, не моргнув глазом, выглядывал из-за них на появившегося внезапно господина.

- Что это, ты, матушка, - шутить что ли вздумала?! возвысив голос, проговорил Араратов, не взглянув даже на двух лакеев и курьера, стоявших на вытяжке подле задней двери.

- Чего тебе еще надо? - Как ты осмелилась наконец?..

- Ваше сиятельное превосходительство... заговорила окончательно растерявшаяся женщина, - пришла я... Пришла... Вот изволите видеть... вы тогда, стало быть, не изволили досмотреть... по ошибке, ваше сиятельство, подали... вот самую... эту бумажку... самую... заключила она, протягивая дрожавшею рукой сторублевую ассигнацию.

- Так что ж? ты хочешь, чтобы я назад ее у тебя взял! произнес Араратов более удивленно, чем строго, - раз она тебе дана, - можешь взять ее...

Лицо женщины вытянулось, глаза и рот раскрылись; прошло несколько секунд. прежде чем могла она опомниться.

- Как, ваше сиятельство?!. всю бумажку?... все деньги мне жалуете?!, вскрикнула она, вперяя изумленный взгляд в стоявшего перед ней строгого барина; и прежде чем успел он сказать слово, подхватила рукою грудного ребенка и захлебываясь от слез - стала опускаться на колени.

- Перестань, перестань, матушка! Я этого не люблю, - слышишь: - не люблю! нетерпеливо сказал Араратов, пятясь назад, - уведите ее!

повелительно обратился он к слугам, которые бросились подымать ее и в поспешности стукнулись головами.

V

Но и этот случай, не смотря на свою неожиданность, не мог развлечь Араратова, не в силах был заставить его забыть впечатления минувшего сна. Оно тотчас же возвратилось, как только вошел он в кабинет и занял прежнее место перед камином.

Его тяготило теперь не столько чувство одиночества,. - сколько желание доискаться основной причины, выяснить себе самый факт, - именно факт, потому что, не смотря на свою гордость, не мог он отрицать, что факт его полного одиночества действительно существует. Он испытывал его уже не первый раз, но сколько себя помнил, никогда еще не пробуждало оно. в нем сцепления таких странных мыслей. Он думал между прочим, что если б вдруг произошло с ним несчастье, - все может случиться! - если б, например, стал он умирать, - и этой неприятности рано или поздно дождешься! -нашелся ли бы кто-нибудь из тысячи его знакомых, кто истинно пожалел бы; о нем... нет, не пожалел... зачем же это!.. он не нуждался,, слава Богу, ни в чьем сожаленьи! - но хотя бы принял в. нем искреннее участие. Ему, конечно, будет выказано тогда со всех сторон самое лестное внимание; сотни лиц ежедневно будут записываться в швейцарской; но, нет сомнения, все явятся, - кто по обязанности, кто из приличия... Вопрос весь. в том между тем: будет ли хоть один в самом деле близкий, такой близкий, который подошел бы к нему с чувством верного испытанного друга?.. - "Нет, такого не будет!" подсказал Араратову внутренний голос.

- "Отчего же так однако ж? Отчего?!..." чуть не сорвалось у него с языка; но чувство собственного значения снова удержало его вовремя от восклицания; он ограничился мысленным предложением такого вопроса.
- "И в самом деле,- продолжая он размышлять сам с собою, - не все ли было сделано, - начиная даже с юности, - чтобы сближаться с людьми, приобрести их сочувствие, - даже признательность?!.... С этой целью старания его всегда были направлены к тому,. чтобы предупреждать желания, беречь пуще глаза чужое самолюбие; быть безупречным в благодушии, - в том, что называюсь французы: "la bienveillance", т. е. - быть всегда снисходительным стараться даже оправдывать то, что по личному убеждению вполне отвратительно; - искать всегда случая быть

полезным, - изобретать даже такие случаи в минуты надобности; изощрять себя в способах быть необходимым, - стараясь сохранить при этом собственное достоинство, но в такой мере однако ж, чтобы оно не имело вида высокомерия в глазах лиц, сильно проникнутых тем же чувством; короче сказать, делать все, что следует, что издавна принято и установлено законами света для приобретения общего расположения и уважения".

"Не только не изменил он образа своих действий после того как, укрепившись на высотах иерархической лестницы, мог дать им более бесцеремонное направление, - но счел еще нужным расширить свою программу, присоединив к ней столь редкие в наше время щедрость и великодушие. Сколько было переделано добрых дел, сколько благодеяний, сколько существенных услуг, сколько лиц, которым оказана была, помощь, - лиц, которые стали на ноги благодаря тому только, что были им определены в должность... Дальше, заручившись властью и окончательно разбогатев, он действиями своими, казалось бы, должен был приобрести еще больше прав на общественную и личную признательность: продолжая трудиться с тем же рвением на пользу общества и отечества, он покровительствовал изящным искусствам (покупая то и дело у Кнопа и Юнкера различные бронзовые и форфоровые украшения).. поощрял литературу (годичный его счет у Глазунова доходил часто до двухсот рублей, а счет у Вольфа и Мелье втрое иногда превышал такую сумму); - поддерживал художества (статуй и картин у него, правда, не было, но за то все столы в парадных комнатах буквально были покрыты всевозможными фотографическими альбомами и иллюстрированными изданиями в богатейших переплетах); он поощрял в то же время вкусы другого рода: нанял превосходного повара, давал утонченные гастрономические обеды и завтраки, словом, - один только Бог ведает, чего не делал он для людей, для общества... И что же? К чему привело все это в конце концов?!.. В результате одна горечь неудовлетворенного чувства, холодное безучастие вокруг, - наконец, полное одиночество, не взирая на богатство и высокое общественное положение, - одиночество совершенно такое, как там, в той пустыне, которая толькочто ему пригрезилась..."

Он опустил голову на ладонь и задумался.

Так прошло несколько минут... И вдруг, ему снова стало что-то мерещиться... Внимание его было теперь привлечено в отдаленную темную половину кабинета...

Там, в ее глубине, на самой середине, между полом и потолком, показалось белесоватое пятно света, - точно клуб пара, освещенный сзади, или мерцающий свет луны, заслоненный подвижным наволоком. Свет быстро однако ж вырастал, надвигался и, постепенно усиливаясь, распускал вокруг себя волнистые фосфорические окраины; в середине светлого мерцанья, касавшегося уже теперь своими краями потолка, пола и боковых стен, выяснялся между тем прозрачный, как кристал и весь сияющий неземной красотой, человеческий облик... В глаза его точно вставлены были два крупные алмаза; они горели сверхъестествеппым блеском, и лучи от них вдруг озарили весь кабинета, нигде не оставляя темного пятнышка; даже в тех местах, которые должны были бросать сильную тень, - и там все внезапно посветлело и сделалось как бы прозрачным... В то же время Араратову послышался голос; он был ему совсем незнаком. Каждый звук отделялся отчетливо и ясно; голос звучал равномерно, бесстрастно, напоминая накат морских волн на ровный плоский берег.

Араратов хотел что-то сказать, приподнял голову, но ослепленный лучами света, - опустил ее снова. Он попробовал отвернуться, но и это не помогло: свет бил уже отовсюду, все заливал, все пронизывал, - и казалось Араратову, проникал далее в него самого и в глубину его души - не оставляя и в ней точно также темного уголка. Араратов чувствовал себя точно прикованным, лишенным сил и воли: у него сохранилось ровно на столько сознания, чтобы понять бесполезность борьбы против этих беспощадных лучей, перед которыми все расступалось, все как бы таяло, которые беспрепятственно всюду проникали, не стесняясь, по-видимому, никакими земными условиями, не признавая никаких установленных законов.

Перед Араратовым, между тем, все глубже и шире раскрывалось световое пространство. В нем показались сначала мириады темных подвижных точек; размножаясь с неимоверною быстротой, они сходились столбами - то опускаясь, то подымаясь, - как мошки в знойный вечер, - и вдруг, - словно сговорившись, стали отделяться, увеличиваться в объеме и складываться в то же время в какие-то смутные, неуловимые для глаза очертания...

Не успел Араратов одуматься, как уже в том, что казалось неопределенным, обрисовались человеческие образы и целые группы лиц, спешивших, повидимому, установиться в известном порядке - как актеры перед поднятием занавеса во время парадного спектакля.

Араратов с первого взгляда узнал не только всех тех, с кем когда-либо встречался в жизни, но увидел между ними самого себя, - и что особенно его изумило, - увидел себя повторенным во всех возрастах и в одно и то же время в разных группах... Еще секунда, - и перед ним, - также отчетливо, как на стеклах волшебного фонаря, развернулась полная картина его прошлого...

Смущенье его увеличивалось особенно тем, что все, что проходило теперь перед ним, - и главное, - он сам с его заветными мыслями и чувствами,представлялись совсем не в том виде, который знаком был свету и которому, под конец, он сам начинал верить, - но с оборотной стороны, с той изнанки, которую прятал он также старательно, как скряга прячет свои сокровища. Каждый миг из его прошлого открывал новые черты и каждая, в свою очередь, обнаруживала, что Араратов лицевой стороны служил только внешней оболочкой совсем другому Араратову, не имевшему с первым почти никакого сходства...

Услужливый, скромный, простосердечный юноша, каким в свое время казался Араратов,- превращался теперь в юношу, который тогда уже холодно обдумывал каждый ход будущей своей карьеры, у которого тогда уже тщеславие было единственным руководителем, а эгоизм единственным чувством... Араратов очевидно также сам себя обманывал, когда, мысленно рассуждая несколько минут перед тем, - величался своими великодушием и щедростью; в этом могли убедить теперь толпы убогих и бедных, выступившие неожиданно в глубине светлого пространства, и сам Араратов, проходивший мимо с таким видом, как будто не замечал их, - не удостоивая их даже взглядом... с противоположной стороны, между тем, как раз показались новые лица; они принадлежали к известному кругу великосветских, влиятельных благотворительниц; но здесь опять нельзя было узнать Араратова; важность походки исчезла; ее заменяли мягкие, скромные движения; почтительно склонив голову, любезно улыбаясь, - спешил он к ним, раскрывая еще издали свой бумажник...

Опять новые лица: перед Араратовым группа просителей; в их числе, - ему это очень хорошо известно, - находятся весьма полезные труженики; он высокомерно, дерзко всем отказывает... Просители исчезают... Вместо них неожиданно открывается рабочий кабинет Араратова с длинным столом, покрытым сукном и заваленным бумагами. Под сукном, - таким же теперь прозрачным, как все остальное, - бросается в глаза список с названием различных вакансий на казенные должности; до настоящей минуты этот список был для всех тайной; но тайны сквозят теперь, как стекло; Араратов не может уже скрыть, что берег этот список на те случаи, когда требовалось определять знакомых ему тунеядцев и этим угождать лицам, которые, в свой черед, могли быть ему полезны...

Новая картина: похороны. Скромны дроги и гроб и еще скромнее проводы; гроб провожает одиноко бедно одетая женщина; Араратов узнает в ней кухарку молодой девушки, которую он соблазнил и сделал матерью. Связь эта сохранялась в глубочайшей тайне; гордость и самолюбие Араратова возмущались при одной мысли, что кто-нибудь может заподозрить его в такой слабости и притом к женщине столь темного, низкого происхождения; на него уже неприятно действовало то обстоятельство, что она не умела держаться в благоразумных к нему отношениях, не довольствовалась его посещениями, но перешла границы и к нему привязалась. Из предосторожности, чтобы такое чувство, усиливаясь в ней постепенно, не вызвало сцен, способных его выдать, Араратов решил прекратить свою связь - как вдруг девушка объявила ему о своей беременности. Он немедленно послал ей денег и с того же дня прекратил свои посещения. Строжайшие меры были приняты, чтобы доступ ее к нему был невозможен; письма ее оставались без ответа. Он успокоился только спустя несколько месяцев, после того, как она разрешилась мертвым младенцем и тут же скончалась родами. Вид печальной колесницы и гроба привели на память Араратову весь этот случай; он не мог уже скрыть теперь, как в былое время, насколько обрадовался тогда счастливой развязке, с какой поспешностью послал денег на похороны и как, вместе с тем, счел несовместным в его положении следовать одиноко за гробом, по петербургским улицам, встречать взгляды любопытных, рисковать, может быть, натолкнуться на знакомых...

Картины из жизни Араратова, проходя таким образом, иногда быстро мелькали, иногда задерживались, и даже ярче освещались. Так особенно долго держались и явственно выступили те случаи, когда он выказывал свои патриотические чувства, говорил о преданности своей к отечественным интересам. Всепроникающий свет лучей, открывавший изнанку чувств и мыслей, показывал, что Араратов и здесь точно также лгал и лицемерил. На самом деле, он предан был только собственным интересам и занят был исключительно только самим собою. Его эгоизм не допускал даже мысли стеснять себя связью с чем бы то ни было, - хотя бы даже с отечеством. Составляя проекты о его пользе, он всегда думал в то же время, как бы скорее дожить до мая месяца, взять отпуск, набраться свежих сил в Виши или в Карлсбаде, уехать потом в Париж, и там, показывая строго озабоченный вид при встрече с соотечественниками, - украдкой, тайком услаждать себя матерьяльными плодами утонченной цивилизации; - после чего досадливо вспоминать о необходимости возвратиться в отечество и снова заняться измышлением проектов о его пользах!...

Рядом с более или менее видными событиями прошлого выдвигались вдруг иногда мелкие ничтожные случаи. Так осветилась неожиданно сцена, когда Араратов, быв уже сановником, приехал на станцию железной дороги и, забыв на минуту важность своего звания, разнес, с дерзостью выскочки, смотрителя станции, явившегося перед ним в фуражке. Когда почтительно объяснили Араратову, что при форме фуражка не сымается, - он не только не успокоился, но раздраженно потребовал, чтобы смотритель был немедленно лишен места за непочтительность; после того, как ему робко доложили, что смотритель беден и обременен семьею, - Араратов только фыркнул в ответ и досадливо отвернулся...

Но какие бы ни появлялись картины и сцены, куда бы ни проникали лучи света в прошлое Араратова, он всюду показывался не тем, каким ему хотелось, чтобы его видели; везде обнаруживалась только забота о себе самом, мелочность, высокомерие, эгоизм и лицемерие - и посреди всего этого ни одного искреннего движения, ни одной теплой задушевной черты...

VI

- Да, ни одного искреннего движения, ни одной теплой задушевной черты! явственно раздалось в ушах Араратова. Ему снова послышался тот равномерный голос, который умолк было на некоторое время.

- Гордость и самообольщение вскружили тебе голову, - продолжал голос; - ослепленный мелким, легко доставшимся успехом, ты вдруг поднял голову и самодовольно прищурился, не заметив далее, что не отстал в пошлости от тех, кто, заняв известне служебное положение, - начинают сейчас же считать себя и умнее и значительнее тех, которые этим не пользуются... Им, уверенным в себе, в своем превосходстве, рисующимся величаво или глубокомысленно, говорящим резко или внушительно, им на ум не приходить, что где бы они ни были, везде сыщутся острые наблюдательные глаза, от которых ничто не ускользает, которых не подкупает внешний облик величия и глубокомыслия...

Так и с тобой было. Лукавство и лицемерие помогли тебе в твоих тщеславных целях, но что касается людей, ты мог бы меньше стараться: ни то, ни другое не принесло ожидаемых результатов: никто почти не обманулся. Те самые, на простоту и доверчивость которых ты так самонадеянно рассчитывал, которые терпеливо сносили твое надменно дерзкое обращение и сгибались перед тобою, - скорее других тебя поняли; одни раньше, другие несколько позже, но всем равно стала знакома черствость твоего сердца, каменное равнодушие ко всему, что не ты, не твой личный интерес. В то самое время, когда, опьяненный мнимым своим величием, не допускал ты мысли о своей непогрешимости, тебя разбирали по косточкам, тешились над твоим высокомерием, основанным, - как уверяли, - всего на нескольких стах номерах исходящих бумаг, которык, как что-то мертвое, вышедшее из сухого, расчетливого мозга и без участия сердца, - скорее тормозили дело. чем давали ему жизнь.

153

Единственно, что оставил ты людям- это твой взгляд на них как на средство; ты не замедлил сделаться для них тем же средством,- и с той минуты перестал существовать для них, - как перестает существовать для людей все то, что не связано с ними живой общечеловеческой жизнью...

Несколько минут тому назад ты жаловался на людей, обвинял их в неблагодарности, в холодном безучастии. Не правильнее ли было бы сознаться, - усмирив гордость, - что люди тут ни при чем; что сам ты во всем единственный виновник: и в той горечи неудовлетворенного чувства, и в тоске одиночества, против которой так усиленно борется твое высокомерие - и в том также, что сегодня, в этот самый вечер, когда от последнего бедняка до первого богача, когда от чердаков и подвалов до золоченых палат, - все более или менее радостны, всех более или менее соединяет семейное чувство и сердце более или менее смягчено любовью, - когда в них говорить теперь лучшее, что есть у них, - ты, не взирая на высоту своего положения и богатства, - ты, как отверженный, проводишь одиноко этот вечер, и сердце твое, вместо радости, полно тоски и горечи...

Не намек ли это на то, что ты обманулся в том, чему себя отдал, чего добивался с такой жадностью; что в жизни человека есть еще что-то такое, что было тобой просмотрено, - или вернее, - что само от тебя отвернулось, не найдя места в твоем сердце, переполненном, - еще с молоду и через край, - честолюбием и спесью...

Вот хоть бы сегодня, когда пришла эта женщина возвратить тебе деньги, - нашлось ли в тебе что-нибудь, кроме брюзгливого, презрительного удивленья?.. Пробудись в тебе, между тем, в эту минуту, чувство истинного сострадания или милосердия, - хотя бы проблеск одного из этих чувств, - и уже ото немногое больше бы значило всех твоих хвастливых пожертвований... Но и этого немногого не нашлось у тебя... Ты спешил отдать ей деньги; - но отдели правду от неправды, то что есть, от того что кажется, - в твоей поспешности не участие было, нет! Было только желание скорее выпроводить эту несчастную, оскорблявшую своим видом твой утонченный вкус, казавшуюся непотребным пятном посреди роскоши твоего дома... Надменно, брюзгливо, как на прах под ногами, смотрел ты на бедное, голодное существо, - между тем как этот прах, эта самая женщина, стоявшая перед тобою в смущеньи, с бившимся сердцем, со слезами на глазах, растроганная до глубины души, не смевшая далее высказать вполне своей благодарности, в силу этих самых чувств, была как человек, - неизмеримо выше тебя перед лицом истины, для которой не существует земных мелочных отличий.

VII

Араратов судорожно вздрогнул и весь бледный быстро поднялся с места. Он похож был на человека, который неожиданно упал в воду и также неожиданно из нее вынырнул; но это продолжалось недолго; он выпрямился, оглянулся вокруг и окончательно овладел собою, увидев, что все было на своем месте и в обычном порядке.

Он прошелся несколько раз из конца в конец кабинета, отирая платком влажный лоб и потряхивая головой, как бы стараясь отогнать докучливую муху, и машинально подойдя к окну, распахнул портьеру.

Улица почти уже стихла; горели только обычные фонари; изредка проезжал извозчик или карета: в двух местах мерцали еще догоравшие елки.

Тишина улицы сообщилась, казалось, Араратову. Он прошелся еще раз или два, вступил в уборную, позвонил камердинера, дал себя раздеть, не проронив, по обыкновению, слова, - и лег в постель.

Долго, однако ж, не мог он заснуть; он ложился на один бок, переваливался на другой, укладывался на спину, - ничего не помогало. Он не помнил, чтобы когда-нибудь происходило с ним что-либо подобное. Несколько раз старался он привести себе на память клубный обед и этот скверный форшмак, - но тут же отгонял такую мысль, как что-то несообразное, и переходил к другим воспоминаниям... Он, наконец, стал забываться, провалился как-будто куда-то и заснул.

На следующее утро Араратов сидел в обычный час в кабинете и только что успел откушать чай, как вошел к нему его домашний доктор.

Доктор этот, - известный психиатр, - был маленький худощавый человек с большой, несоответственно росту, головой и лицом восточного отпечатка, оживленным, быстрым, проницательным взглядом; было также что-то острое, саркастическое в его тонких подвижных губах.

- Как изволили почивать, ваше превосходительство? спросил он, усаживаясь на указанное ему кресло.

- Скверно, доктор, - очень скверно... Почти вовсе не спал... возразил Араратов.

- Утомлены были вчера?..

- Нисколько!

Доктор пытливо взглянул на сановника, взял его руку и принялся щупать пульс.

- Да, не совсем-то ровен... проговорил он украдкой и с боку как-то скользнув глазами по лицу сановника, - не были ли вы вчера чем-нибудь встревожены?.. Может быть, неприятность какая-нибудь?..

Араратов выпрямился; черты его приняли строгое выражение.

- Неприятность!.. Гм?.. Какая же может быть неприятность?.. Чем могли меня встревожить?. . проговорил он.

Глаза доктора слегка прищурились; на тонких его губах пробежала едва заметная улыбка.

- Я полагаю, подхватил Араратов, вина вся в том, что вчера, против моего обыкновения, я обедал в клубе... к закуске подан был какойто скверный форшмак из печенок налимов с поджаренным луком, и я имел неосторожность его отведать... добавил он, пытливо, в свою очередь, хотя с меньшей уверенностью и как бы мимоходом, взглянув на доктора.

Но доктор пригнулся уже к столу и чтото наскоро прописывал. После чего он встал, раскланялся и вышел.

Садясь в карету, доктор окинул взглядом окна в доме Араратова, тряхнул головой как бы в подтверждение тому, в чем давно не сомневался, и проговорил с усмешкой: - "Нет, у этого болезнь, которую не поправишь никакими медикаментами... Неизлечим!!." заключил доктор, приказав кучеру ехать к другому, более надежному, пациенту.

СПИСОК